Wie Gedichte zur Welt kommen? Kinder lernen in der Schule zuerst das ABC, denn im Alphabet ist das A und O der ganzen Welt. Und Gedichte entstehen aus den 26 Buchstaben, die das Alphabet hat. Das ist eine Tatsache. Viele Gedichte sind sozusagen in den Wind gesprochen und fliegen überall hin, sind einfach da. Zum Beispiel folgendes Rätselgedicht: Es flog ein Vogel federlos auf einen Baum blattlos. Da kam die Frau mundlos und aß den Vogel federlos. – Solche Gedichte gefallen uns, weil wir sie schon lange kennen. Ein nur kurzes Kennenlernen genügt nämlich nicht, nur Händeschütteln reicht nicht. Gedichte brauchen Zeit. Wie aber entstehen Gedichte? Die Antwort ist jedes Mal anders. Gedichte werden gedacht, gemacht, geformt, bis etwas entsteht und mit eigener Stimme spricht. Ein ganzes Leben gehört dazu. Und vielfältig, wohl grenzenlos ist der Ozean der Sprache. Buchstaben, Wörter, Sätze, Verse: Sinn und Unsinn, Gedichte spielen mit der Sprache. Jeder kann mitspielen. Gedichte brauchen keine Gebrauchsanweisung, vor Gebrauch schütteln und so weiter. Hier ist alles offen. Gedichte sind wie sie sind. Sie sind vor allem nicht über den Wolken und gehören auch nicht zum Bestaunen ins Poesiemuseum. Wer Gedichte schreibt, sagt: Ich (mit seinem ganzen Sehen-Hören-Schmecken-Riechen-Tasten-Fühlen-Wollen-Denken). Wer Gedichte findet und liest, sagt ebenso: Ich. So kommen Gedichte zur Welt.

Foto Jellymountain

FLASCHENPOST ☐1 Die sieben Gaben *Seite 6*

FLASCHENPOST ☐2 Wenn der Apfelbaum reden könnte *Seite 68*

FLASCHENPOST ☐3 Wo kommen die Worte her? *Seite 122*

FLASCHENPOST ☐4 Mein liebstes Wort bist Du *Seite 174*

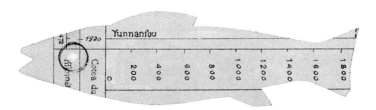

GROSSER OZEAN

Gedichte für alle

Bilder, Fotos, Illustrationen

Herausgegeben von Hans-Joachim Gelberg

Wieviel, o wieviel
Welt. Wieviel
Wege.
Paul Celan

EIN **GULLIVER** VON **BELTZ & GELBERG**

Hans-Joachim Gelberg, der Herausgeber dieser Sammlung, begründete und leitete 1971 bis 1997 das Programm Beltz & Gelberg in Weinheim. Seine Anthologien sind anregende Beispiele moderner Kinderliteratur. Bekannt wurden seine *Jahrbücher der Kinderliteratur*, deren erstes, *Geh und spiel mit dem Riesen*, mit dem Deutschen Jugendbuchpreis ausgezeichnet wurde. Seine beiden Lyrik-Anthologien *Die Stadt der Kinder* und *Überall und neben dir* sind längst Standardwerke der neuen Kinderpoesie.

Ausgezeichnet im Wettbewerb »Die schönsten deutschen Bücher 2000« sowie mit dem Bologna Ragazzi Award 2001

Nominiert für den Deutschen Jugendliteraturpreis 2001

Lyrische Texte folgen in der Regel der Rechtschreibung, die Autoren und Autorinnen festlegen. Es finden sich also in dieser Sammlung alle Formen der Rechtschreibung: die neue, die bisherige sowie etliche Sonderformen wie Kleinschreibung bzw. veränderte Zeichensetzung, also eine Vielfalt möglicher Ausdrucksformen.

Flaschenpost für Leon

www.gulliver-welten.de
Gulliver 1018
© 2000, 2006 Beltz & Gelberg
in der Verlagsgruppe Beltz · Weinheim Basel
Alle Rechte vorbehalten
Weitere Rechtsauskunft im Anhang
Neue Rechtschreibung
Markenkonzept: Groothuis, Lohfert, Consorten, Hamburg
Einband: Wolf Erlbruch
Gesamtherstellung: Druck Partner Rübelmann, Hemsbach
Printed in Germany
ISBN 13: 978-3-407-74018-2
ISBN 10: 3-407-74018-2
1 2 3 4 5   10 09 08 07 06

Gedichte von: Leonie Achtnich, Jürg Amann, Alfred Andersch, Gerda Anger-Schmidt, Martin Anton, Hans Arp, Martin Auer, Cornelia Augustin, Rose Ausländer, Werner Bergengruen, F. W. Bernstein, Franziska Biermann, Wolf Biermann, Richard Bletschacher, Rosita Blissenbach, Heinrich Böll, Elisabeth Borchers, Harald Braem, Bertolt Brecht, Alfred Brendel, Christine Busta, Sarah Cantor, Sigrun Casper, Paul Celan, Nora Clormann-Lietz, Hans Debray, Fritz Deppert, Róža Domašcyna, Matthias Duderstadt, Werner Dürrson, Angelika Ehret, Günter Eich, Michael Ende, Hans Magnus Enzensberger, Werner Färber, Wolfgang Fischbach, Karlhans Frank, Frederike Frei, Erich Fried, Roswitha Fröhlich, Robert Gernhardt, Helga Glantschnig, Sebastian Goy, Günter Grass, Erwin Grosche, Wilfried Grote, Josef Guggenmos, Peter Hacks, Mustafa Haikal, Peter Härtling, Wolf Harranth, Karola Heidenreich, Manfred Peter Hein, Norbert Höchtlen, Franz Hodjak, Franz Hohler, Rainer Hohmann, Ingrid Huber, Hanns Dieter Hüsch, Marie-Luise Huster, Ernst Jandl, Gerald Jatzek, Peter Jepsen, Hanna Johansen, Hanne F. Juritz, Marie Luise Kaschnitz, Norbert C. Kaser, Sarah Kirsch, Margaret Klare, Paul Klee, Christine von dem Knesebeck, Uwe Kolbe, Klaus Kordon, Michail Krausnick, Ursula Krechel, Marianne Kreft, Karl Krolow, Max Kruse, James Krüss, Christoph Kuhn, Günter Kunert, Reiner Kunze, Rosemarie Künzler-Behncke, Christine Lavant, Edward Lear, Hans Georg Lenzen, Bernhard Lins, Bernd Lunghard, Maria Lypp, Paul Maar, Peter Maiwald, Rainer Malkowski, Hans Manz, Axel Maria Marquardt, Kurt Marti, Georg Maurer, Friederike Mayröcker, Christoph Meckel, Gerhard Meier, Wolfgang Mennel, Inge Meyer-Dietrich, Christian Morgenstern, Erwin Moser, Doris Mühringer, Günter Müller, Inge Müller, Frauke Nahrgang, Salah Naoura, Pablo Neruda, Christine Nöstlinger, Helga M. Novak, Gudrun Pausewang, Walther Petri, Werner Pichler, Vasko Popa, Ortfried Pörsel, Helmut Preißler, Jacques Prévert, Lutz Rathenow, Eva Rechlin, Christa Reinig, Rainer Maria Rilke, Joachim Ringelnatz, Thomas Rosenlöcher, Ralf Rothmann, Tadeus Różewicz, Wolfgang Rudelius, Günter Saalmann, Brigitte Schär, Hubert Schirneck, Gisela Schlegel, Martin Schneider, Wolfdietrich Schnurre, Gerhard Schöne, Kornelia Schrewe, Jürg Schubiger, Rupert Schützbach, Regina Schwarz, Alfons Schweiggert, Kurt Schwitters, Fritz Senft, Nasrin Siege, Kurt Sigel, Shel Silverstein, Dorothee Sölle, Jürgen Spohn, Nicolás Súescún, Frieder Stöckle, Wisława Szymborska, Hannelies Taschau, Nazif Telek, Hans-Ulrich Treichel, Günter Ullmann, Fredrik Vahle, Karl Valentin, Guntram Versper, Karin Voigt, Robert Walser, Wolfgang Weyrauch, Rudolf Otto Wiemer, William Carlos Williams, Frantz Wittkamp, Josef Wittmann, Heinz J Zechner, Huberta Zeevaert, Waltraud Zehner, Christina Zurbrügg.
Bilder von: *Verena Ballhaus, Jutta Bauer, Rotraut Susanne Berner, Franziska Biermann, Christine Brand, Sophie Brandes, Jutta Bücker, Klaus Ensikat, Wolf Erlbruch, Christoph Eschweiler, Lino Fastnacht, Willi Glasauer, Dorothea Göbel, Eva Häfliger, Nikolaus Heidelbach, Renate Herfurth, Britta v. Hoorn, Jellymountain, Julia Kaergel, Detlef Kersten, Simone Klages, Michele Lemieux, Karoline Elke Löffler, Paul Maar, Gisela Menshausen, Erwin Moser, Thomas Müller, Caroline Ronnefeldt, Wolfgang Rudelius, Henriette Sauvant, Axel Scheffler, Kornelia Schrewe, Alfons Schweiggert, Jürgen Spohn, Ute Stechowsky-Göhringer, Catrin Steffen, F. K. Waechter, Philip Waechter, Gerda Weiss, Frantz Wittkamp, Juli A. Wittkamp.*

Des Menschen erstes Wort war A

und hieß fast alles, was er sah.

z. B. Fisch, z. B. Brot,

z. B. Leben oder Tod.

Erst nach Jahrhunderten voll Schnee

erfand der Mensch zum A das B

und dann das L und dann das Q

und schließlich noch das Z dazu.

Christian Morgenstern

Alle Wörter gibt es, sonst könnte
man sie nicht sagen.
Ein Kind

Axel Scheffler

Jacques Prévert

Eine Höflichkeit ist die andre wert

Man soll auch zu der Erde sehr höflich sein
Und zu der Sonne
Man soll ihnen morgens beim Aufstehn danken
Für die Wärme
Für die Bäume
Für die Früchte
Für alles was gut schmeckt
Für alles was schön aussieht
Und sich schön anfaßt
Man soll ihnen danken
Man darf sie nicht verärgern … nicht bekritteln
Sie wissen was sie zu tun haben
Die Sonne und die Erde
Darum soll man sie gewähren lassen
Sonst ärgern sie sich womöglich
Und dann wird man verwandelt
In einen Kürbis
In eine Wassermelone
Oder in einen Feuerstein
Und was hat man davon?
Die Sonne ist in die Erde verliebt
Die Erde ist in die Sonne verliebt
Das geht sie alleine an
Es ist ihre Sache
Und wenn es eine Sonnenfinsternis gibt
Ist es weder klug noch diskret ihnen zuzuschauen
Durch häßliche kleine geschwärzte Gläser
Sie streiten sich
das sind Privatsachen
Man mischt sich da lieber nicht ein
Denn
Wenn
Man sich einmischt kann's passieren daß man verwandelt wird
In eine erfrorene Kartoffel
Oder in eine Brennschere
Die Sonne liebt die Erde
Die Erde liebt die Sonne
Alles weitere geht uns nichts an

Die Erde liebt die Sonne
Und dreht sich
Um von ihr bewundert zu werden
Und die Sonne findet sie schön
Und beglänzt sie
Und wenn sie müde ist
Geht sie schlafen
Und der Mond erhebt sich
Der Mond ist ein alter Liebhaber der Sonne
Und er war eifersüchtig
Und ist bestraft worden
Er ist ganz kalt geworden
Und kommt nur nachts zum Vorschein
Man soll auch zum Mond sehr höflich sein
Sonst macht er einen ein bißchen närrisch
Und er kann auch
Wenn er will
Dich in einen Schneemann verwandeln
In eine Gaslaterne
Oder eine Kerze
Langer Rede kurzer Sinn
Doppelpunkt Anführungsstriche
»Alle Welt sei höflich zur Welt sonst gibt es Kriege … Seuchen
   Erdbeben Sturmfluten Gewehrschüsse
Und riesige böse rote Ameisen die euch nachts im Schlaf die Füße
   auffressen.«

Nachdichtung von Kurt Kusenberg

Simone Klages

Straßenbilder, von Kindern gemalt, findet man vor dem nächsten Regen – dann sind sie verschwunden.

Hans Georg Lenzen

Herr Glamek buchstabiert

Herr Glamek spricht am Telefon
mit seinem Nachbarn Peterson.
Er glaubt, dass man ihn nicht versteht
und buchstabiert, so laut es geht:
»Hier Glamek – sprech ich denn so leise?
Ich wiederhole, stückchenweise:
Glamek – mit G wie in Giraffe,
mit L wie Löwe, A wie Affe,
mit M wie Möwe, E wie Ente
und K wie Kuh –
Hallo! Ja hören Sie denn auch zu?«

Herr Peterson, der nicht versteht,
was bei Herrn Glamek vor sich geht,
der ruft: »Hallo!
Ist dort der Zoo?«

Frantz Wittkamp

Du bist da, und ich bin hier

Du bist da,
und ich bin hier.

Du bist Pflanze,
ich bin Tier.

Du bist Riese,
ich bin Zwerg.

Du bist Tal,
und ich bin Berg.

Du bist leicht,
und ich bin schwer.

Du bist voll,
und ich bin leer.

Du bist heiß,
und ich bin kalt.

Du bist jung,
und ich bin alt.

Du bist sie,
und ich bin er.

Du bist Land,
und ich bin Meer.

Du bist dunkel,
ich bin hell.

Du bist langsam,
ich bin schnell.

Du bist schmal,
und ich bin breit.

Du bist Anzug,
ich bin Kleid.

Du bist einsam,
ich allein.

Komm, wir wollen
Freunde sein!

Karlhans Frank

Uschelreime

Huschel, Kindchen, sei so nett,
wusch ins Tuschelkuschelbett,
kannst dich unter Zuscheldecken
duschelgruschelstruschelstrecken,
noch ein wenig buschelmuscheln
bis die Träume ruschelfluscheln.

Bilder von Christine Brand

Bernd Lunghard

Gedichtbehandlung

Heut haben wir ein Gedicht durchgenommen.
Zuerst hat's der Lehrer vorgelesen,
da ist es noch sehr schön gewesen.

Dann sind fünf Schüler drangekommen,
die mussten es auch alle lesen;
das war recht langweilig gewesen.

Dann mussten drei Schüler es nacherzählen –
für eine Note; sie hatten noch keine,
da verlor das Gedicht schon Arme und Beine.

Dann wurde es ganz auseinander genommen
und jeder Vers wurde einzeln besprochen.
Das hat dem Gedicht das Genick gebrochen.

»Warum tat der Dichter dies Wort wohl wählen?
Warum benutzte er jenes nicht?«
Und schließlich: »Was lehrt uns dieses Gedicht?«

Dann mussten wir in unsre Hefte eintragen:
Das Gedicht ist ab Montag aufzusagen.
Die ersten Fünf kommen Montag dran.

Mich hat das zwar nicht weiter gestört;
ich hab das Gedicht so oft heut gehört,
dass ich es jetzt schon auswendig kann.

Aber viele machten lange Gesichter
und schimpften auf das Gedicht und den Dichter.
Dabei war das Gedicht zunächst doch sehr schön.

So haben wir oft schon Gedichte behandelt.
So haben wir oft schon Gedichte verschandelt.
So sollen wir lernen, sie zu verstehn.

R.S.Berner

Kurt Marti

gedicht von gedichten

ein gedicht
das nicht zu begreifen ist
möchte vielleicht betastet sein

ein gedicht
das nicht zu betasten ist
möchte vielleicht betreten sein

ein gedicht
das nicht zu betreten ist
möchte vielleicht betrachtet sein

ein gedicht
das nicht zu betrachten ist
möchte vielleicht begriffen sein

gedichte
sind nicht polizeilich gemeldet
gedichte
gehen niemals zur schule
gedichte
sind nicht militärdienstpflichtig
gedichte
sind nicht an der teuerung schuld
gedichte
haben nicht singen gelernt
gedichte
stören den nachbarn nicht
gedichte
streuen keine bakterien
gedichte
fliegen ohne geräusch
gedichte sind frei
gedichte sind da

Michele Lemieux

Angelika Ehret

Der Unterschied

A
L
E
X
A
N   O
D   L
R   A
A ist größer als   F

Elisabeth Borchers
Jahreszeiten

Januar

Es kommt eine Zeit,
da werden die Könige unruhig,
und sie fragen ihre Diener:
Wohin sollen wir gehen?

Die Diener sehen sich an
und fragen:
Wohin?

Da stehen die Könige auf
und gehen.

Es kommt eine Zeit,
da werden die Sterne unruhig
und fragen:
Wer ist der schönste unter uns?

Und die Sterne sehen sich an
und fragen:
Welcher mag es sein?

Die Könige aber sagen:
Ich heiße Balthasar.
Ich heiße Melchior.
Ich heiße Kaspar.

Und Kaspar ruft:
Da fliegt ein Stern
mit langem goldnem Haar.

Februar

Es kommt eine Zeit,
da sagt die Krähe:
Ich mache jetzt eine lange Reise.

Sie setzt sich auf eine Eisscholle
und treibt den Fluß hinunter.
Die Welt ist weiß
vor lauter Schnee,
nur ich bin schwarz.
Im Sommer möchte ich weiß sein,
schneeweiß.
Im Sommer möchte ich
eine Möwe sein,
die ihre weißen Federn
über blaue Meere trägt.
Krah-krah, sagt die Krähe,
das heißt:
Schwarz-schwarz.

März

Es kommt eine Zeit,
da nimmt's ein böses Ende
mit dem Schneemann.

Er verliert seinen schwarzen Hut,
er verliert seine rote Nase,
und der Besen fällt ihm
aus der Hand.
Kleiner wird er von Tag zu Tag.
Neben ihm wächst ein Grün
und noch ein Grün
und noch ein Grün.

Die Sonne treibt
Vögel vor sich her.
Die wünschen dem Schneemann
eine gute Reise

*

April

Es kommt eine Zeit
mit Regen,
mit Hagel,
mit Schnee.

Mit Wind, der um die Ecke stürzt.
Der nimmt dem Mann den Hut vom
   Kopf.
Ei, ruft der Mann, wo ist mein Hut?
Ei, ruft der Hut, wo ist mein Mann?
Und ist schon ganz weit oben.

Der Hahn auf goldner Kirchturmspitz,
der denkt:
Ich seh nicht recht,
ein Hut ganz ohne Mann,
ein Hut, der auch noch fliegen kann
und hat doch keine Flügel an?

*

Mai

Es kommt eine Zeit,
da machen die Vögel Hochzeit.

Nachtigall und Lerche,
Zaunkönig und Sperling,
Rotkehlchen und Amsel.

Ein Lied fliegt zum andern.

Die Bäume tragen weite Kleider.
Der Wind läutet die Blumen.
Die Bienen haben goldne Schuhe.

Die Katze,
die graue, die schwarze, die weiße,
sie darf es nicht tun,
sie darf die Hochzeit
nicht stören.

*

Juni

Es kommt eine Zeit,
da sind die Fische blau.

Die blauen Fische kommen
die kleinen und großen
Bäche hinab.
Sie fahren durch Flüsse
und Seen.
Sie wollen alle ins Meer.

Wenn wir ganz schnell laufen
zum Bach,
zum Fluß,
zum See,
kommt ein blauer Fisch daher.

Wir fragen ihn:
Wohin willst du, Fisch?
Und er antwortet nicht.

Wir fragen den Fisch:
Bist du stumm?
Und der Fisch sagt:
Ja, ich bin stumm.

Und er ist fort.

Fragen der Kinder an Elisabeth Borchers:

Wie kamen Sie zum Gedichte-Schreiben? Wollten Sie als Kind schon Dichterin werden? Wann schrieben Sie das erste Gedicht?

Wollte ich als Kind Dichterin werden? Nein, das wollte ich nicht. Selbst als junges Mädchen, als ich die ersten Gedichte schrieb, dachte ich nicht daran, daß Schreiben ein Beruf sein könnte. Ich war dreizehn Jahre alt, als der Krieg ausbrach. Es war nicht wie heute, daß die schönen Bücher auch billig sein konnten. Und kein Dichter kam in die Schule, Dichter, die sich anschauen und anfassen ließen wie reale Gegenstände. Man stand allein vor dem mächtigen, dunkelbraunen Bücherschrank, der eher eine Festung war mit seinen geschnitzten Säulen und Säulchen, den Blättern und Ranken und den spiegelnden geschliffenen Glasflächen, auf denen man jeden Fingerabdruck sehen konnte. (Wer hat denn da schon wieder mit den Fingern aufs Glas gefaßt?) Und wenn man den Schlüssel umgedreht und schwer daran gezogen hatte, machte es plopp, und man stand vor dem Buchrücken mit Namen, Namen, Namen, festgefügt, einer neben dem anderen, wie ein Heer, das niemanden durchläßt. (Was sind das nur für Leute, die niemanden durchlassen?) Einmal lag ein Buch quer auf den anderen. Als sei es herausgesprungen. Es waren die Lieder von Heine, und als ich es aufschlug, las ich folgende Geschichte:
»Es war ein alter König, / Sein Herz war schwer, sein Haupt war grau; / Der arme alte König, / Er nahm eine junge Frau. // Es war ein schöner Page, / Blond war sein Haupt, leicht war sein Sinn. /Er trug die seidne Schleppe / Der jungen Königin. // Kennst du das alte Liedchen? / Es klingt so süß, es klingt so trüb! / Sie mußten beide sterben, / Sie hatten sich viel zu lieb.«

Ich habe die Geschichte nie mehr vergessen, vor allem deshalb, weil man sie, wenn man erst älter wird, erlebt. Ich habe sie, ohne zu wissen, was sie bedeutet, verstanden. Verstanden aber habe ich nicht, was an ihr die Dichtkunst ist. Und darum fing ich an, Gedichte zu schreiben.

Wie lange schreiben Sie an einem Gedicht?

Am längsten dauert die Vorbereitung: Die Erfahrung, die man macht, das Nachdenken darüber, der Versuch, Worte zu finden, die Form dafür. Denn ihr wißt: Es ist ein Unterschied, ob man einen Aufsatz schreibt, in dem man viel erzählen kann, oder ob man ein Gedicht schreibt, in dem man das, was zu sagen ist, dicht zusammenrükken muß. Manchmal steht das Gedicht Zeile um Zeile fest, wenn es aufgeschrieben wird. Manchmal beginnt eine lange Arbeitszeit.

Wo schreiben Sie Gedichte (im Wald, am Schreibtisch, unter Leuten …)?

Im Wald, unter Leuten, überall kann man sich Notizen machen, schriftliche Notizen. Oder Notizen, die man im Kopf behält, bis man an seinem Schreibtisch sitzt. Der Schreibtisch übrigens ist ein sehr schöner Ort. Und mir fällt ein, daß man einmal ein Loblied auf ihn schreiben sollte. Das wäre eine gerechte Sache.

Bekommen Sie viel Geld für Ihre Gedichte?

Machen wir doch einmal eine Rechnung auf: Wenn ein Gedicht fertig ist – wenn man gelebt, gedacht, gearbeitet hat, was Tage, Wochen und länger dauern kann, und wenn das Gedicht dann zum Beispiel in einer Zeitung abgedruckt wird, dann bekommt man, sagen wir, DM 80,–. Das also ergibt einen schlechten Stundenlohn. Und wenn erst das Buch mit einer Menge von Gedichten erscheint, dann muß man wissen: Es gibt nicht viele Leute, die Gedichte lesen, also auch nicht viele, die Gedichtbücher kaufen. Also kann man auch nicht allein vom Gedichteschreiben leben. Sonst ist man so arm wie eine Kirchenmaus. Und Kirchenmäuse – das ist eine altbekannte Tatsache – müssen Hungers sterben, wenn sie nicht vorher entwischen.

Die Fragen stellten Schüler und Schülerinnen der Klasse 3 B der Grundschule Daaden 2.

Juli

Es kommt eine Zeit
mit Sonnenblumen.
Da sagt die Sonne zu ihrer Blume:
Fall herab!

Die Leute sagen:
Die Sonne geht auf.
Die Sonne geht unter.
Die Sonne ist rund.
Die Sonne ist heiß.
Und niemand weiß doch,
wer ich bin.

Die Blume fällt herab
und ruft:
Ich bin die Sonnenblume.

Und die Sonnenblume
läßt den Kopf hängen.
Oben schwimmt die Sonne davon.

August

Es kommt eine Zeit,
da wachsen die Bäume
in den Himmel.
Die Blumen wollen so groß sein
wie Bäume.

Der Himmel
hoch oben
hat Wolken.

Es kommt eine Zeit,
da gehen rote Pilze
durch den Wald
und schwarzgelackte Käfer.

Da ist die Sonne so heiß,
daß man sie nicht anfassen kann.

Da wächst es rot an den Sträuchern
und blau an den Gräsern.
Das sind die Tage der Beeren.

September

Es kommt eine Zeit,
da hat die Sonne
alle Arbeit getan.
Die Äpfel sind rot.
Die Birnen sind gelb,
und die Marktfrauen rufen:
Pflaumen, schöne Pflaumen.

Es kommt eine Zeit,
da wird die Sonne müde
und immer kleiner.
So klein wie eine Orange,
die nach Afrika zurückrollt,
wie ein Taler,
der von einer Hand zur andern
   wandert,
wie der Knopf
vom Matrosenkleid.

So klein wird die Sonne,
daß der Himmel sie nicht mehr halten
   kann.

Sie rollt übers Dach,
rollt hintern Berg,
jetzt kann sie keiner mehr sehen.

Oktober

Es kommt eine Zeit,
da fragen wir uns:
Was soll denn nur werden?

Die Luft schmeckt
so bitter.

Die Vögel sind
über alle Berge.

Der Nebel macht
die Häuser bleich.

Die kleinen Tiere gehen
unter der Erde spazieren.

Aufs Dach trommeln
Kastanien.

Wir müssen ins Haus zurück,
da hält uns der Regen gefangen.

November

Es kommt eine Zeit,
da lassen die Bäume
ihre Blätter fallen.
Die Häuser rücken
enger zusammen.
Aus dem Schornstein
kommt ein Rauch.

Es kommt eine Zeit,
da werden die Tage klein
und die Nächte groß,

und jeder Abend
hat einen schönen Namen.

Einer heißt Hänsel und Gretel.
Einer heißt Schneewittchen.
Einer heißt Rumpelstilzchen.
Einer heißt Katherlieschen.
Einer heißt Hans im Glück,
Einer heißt Sterntaler.

Auf der Fensterbank
im Dunkeln,
daß ihn keiner sieht,
sitzt ein kleiner Stern
und hört zu.

Dezember

Es kommt eine Zeit,
da wird es still.
Da gehn die Lichter auf,
da kommt ein Wind,
ruft nach dem Fährmann.

Der träumt den Traum
vom goldnen Schiff.
Das Schiff hat eine
große Fahrt bei Nacht.

Es geht von Haus zu Haus.
Es fährt die Straßen auf und ab.
Es kommt durch alle Länder.
Es kommt durch alle Stuben.

Da bleibt ein goldner Schein zurück.

Christoph Eschweiler

Frantz Wittkamp

Gute Nacht

Einem Kind vorzulesen

Wer zu Bett geht, der braucht Zeit,
denn der Weg dahin ist weit.
Wenn du Lust hast, wach zu bleiben,
will ich dir den Weg beschreiben.
Geh nur immer geradeaus,
bis zu einem blauen Haus.
Wenn du das gefunden hast,
siehst du einen Glaspalast.
Etwa fünfzig Meter weiter
steht ein Bronzepferd mit Reiter.
Bis zum Postamt mit der Uhr
sind es hundert Schritte nur.
Dann, vor einer grünen Hecke,
geht der Weg rechts um die Ecke.
Jetzt erkennst du in der Ferne
eine ältere Laterne.
Noch ein Stückchen und sogleich
links vorbei am Ententeich.
Und von hier erreichst du bald
einen kleinen, dunklen Wald.
In der Nähe, linker Hand,
liegt ein großer Haufen Sand.
Wo die alten Eichen stehen,
kannst du in den Abgrund sehen.
Über eine grüne Leiter
geht es dort hinab und weiter.
Siehst du links die Kirche liegen,
wird es Zeit, rechts abzubiegen.
Mühsam steigst du hier empor,
Stufen führen bis zum Tor.
Folge nicht dem blauen Schild,
weil es nur für Autos gilt.
An dem bunten Meilenstein
geht ein Fußweg rechts hinein.
Dort, vor einem hohen Zaun,
steht ein Häuschen, das ist braun.
Etwas weiter, gar nicht lange,

bis zu einer Fahnenstange.
Durch den Park gelangst du schnell
rechts vorbei am Parkhotel.
Vor der Brücke und dem Graben
brauchst du keine Angst zu haben.
Siehst du jetzt direkt am Bach
einen Turm mit rotem Dach?
Hundert Meter oder mehr
sind es bis zur Feuerwehr.
An der Tür zur Polizei
führt ein schmaler Weg vorbei,
bis zu einer großen Wand.
Hier ist ein Getränkestand
und daneben, Gott sei Dank,
zur Erholung eine Bank.
Zwanzig Schritte noch vielleicht,
und du hast den Fluß erreicht.
Immer liegt ein Boot bereit,
denn der Fluß ist ziemlich breit.
Drüben ist ein schöner Garten,
an der Pforte mußt du warten.
Plötzlich, wie durch Zauberei,
gibt das Tor den Eingang frei.
Durch das grüne Paradies
führt ein Weg aus feinem Kies
zu dem Zauberblumenbeet,
wo ein schönes Häuschen steht.
Das gehört dir ganz allein,
mach die Tür auf, geh hinein,
drinnen ist das Bett gemacht,
und nun schlaf schön, gute Nacht!

R.S.Berner

Erwin Grosche
Der Weckdienst

Guten Morgen. Es ist 7 Uhr, Sie wollten geweckt werden.
Guten Morgen. Es ist 7 Uhr, Sie wollten geweckt werden.
Guten Morgen. Es ist 7 Uhr, Sie wollten geweckt werden.
Guten Morgen. Es ist 7 Uhr, Sie wollten geweckt werden.
Guten Morgen. Es ist 7 Uhr, Sie wollten geweckt werden.
Guten Morgen. Es ist 7 Uhr, Sie wollten geweckt werden.
Guten Morgen. Es ist 7 Uhr, Sie wollten geweckt werden.
Guten Morgen. Es ist 7 Uhr, Sie wollten geweckt werden.
Guten Morgen. Es ist 7 Uhr, Sie wollten geweckt werden.
Guten Morgen. Es ist 7 Uhr, Sie wollten geweckt werden.
Guten Morgen. Es ist 7 Uhr, Sie wollten geweckt werden.
Guten Morgen. Es ist 7 Uhr, Sie wollten geweckt werden.
Guten Morgen. Es ist 7 Uhr, Sie wollten geweckt werden.
Guten Morgen. Es ist 7 Uhr, Sie wollten geweckt werden.
Guten Morgen. Es ist 7 Uhr, Sie wollten geweckt werden.
Guten Morgen. Es ist 7 Uhr, Sie wollten geweckt werden.
Guten Morgen. Es ist 7 Uhr, Sie wollten geweckt werden.
Guten Morgen. Es ist 7 Uhr, Sie wollten geweckt werden.

Lies auch das Gedicht auf Seite 133

Josef Guggenmos
Ob ich das schaff?

Franziska Biermann

Wer 8 und 8 zusammenzählt
und das durch 8 teilt, der erfährt,
was mich mit fel zusammen quält. –

Ob ich das schaff? Ob ich das kann?
Geht's gut? Geht's aber schief, was dann?
Ach, jeden trifft's mal ab und an.

(Zwei-fel)

Michael Ende

Ein Schnurps grübelt

Also, es war einmal eine Zeit,
da war ich noch gar nicht da. –
Da gab es schon Kinder, Häuser und Leut'
und auch Papa und Mama,
jeden für sich –
bloß ohne mich!

Ich kann mir's nicht denken. Das war gar nicht so.
Wo war ich denn, eh es mich gab?
Ich glaub, ich war einfach anderswo,
nur, daß ich's vergessen hab',
weil die Erinnerung daran verschwimmt. –
Ja, so war's bestimmt!

Und einmal, das sagte der Vater heut,
ist jeder Mensch nicht mehr hier.
Alles gibt's noch: Kinder, Häuser und Leut',
auch die Sachen und Kleider von mir.
Das bleibt dann für sich –
bloß ohne mich.

Aber ist man dann weg? Ist man einfach fort?
Nein, man geht nur woanders hin.
Ich glaube, ich bin dann halt wieder dort,
wo ich vorher gewesen bin.
Das fällt mir dann bestimmt wieder ein.
Ja, so wird es sein!

Franziska Biermann

Nikolaus Heidelbach

Christine Nöstlinger
Mein Gegenteil

Ich bin mir sicher,
es gibt einen,
der ist mein Gegenteil.
Der lacht,
wenn ich weine,
der ist satt,
wenn ich Hunger habe.
Der wird gestreichelt,
wenn ich geschlagen werde,
und ist gesund,
wenn ich krank bin.
Der hat alles,
was ich mir wünsche
und nie bekommen werde.
Der hat keine Angst,
wenn ich mich fürchte,
und einen Freund bei sich,
wenn ich allein bin.
Wenn der aber mein Gegenteil ist,
dann müßte er eigentlich tot sein,
wenn ich lebe!
Also gibt es ihn doch nicht.
Oder bin *ich* tot?

Kurt Schwitters

So, so! –

Vier Maurer saßen einst auf einem Dach.
Da sprach der erste: »Ach!«
Der zweite: »Wie ists möglich dann?«
Der dritte: »Daß das Dach halten kann!!!«
Der vierte: »Ist doch kein Träger dran!!!!!!«
Und mit einem Krach
Brach das Dach.

Robert Gernhardt

Indianergedicht

Als aber der Pferdehändler nicht abließ,
auf Winnetou einzuteufeln,
bemerkte dieser in seiner einsilbigen Art:

Mann, dein Pferd
ist nichts wert.
Hier: das Bein
ist zu klein.
Dort: das Ohr
steht nicht vor.
Da: der Gaul
hat kein Maul.
Schau: der Schwanz
fehlt ihm ganz.
Und es trabt
nicht so recht,
denn das Pferd
ist ein – Specht!
Du viel dumm,
ich viel klug.
Hugh!

Bilder Verena Ballhaus

Günter Saalmann
Das exklusive Interview

Uns gab der kluge Marabu
ein exklusives Interview.
»Wie kommt es«, lautet unsre Frage,
»zur unlängst neu entstand'nen Lage?«

Der Marabu auf einem Bein
äugt klug ins Objektiv hinein,
klemmt sich die Brille hinters Ohr
und trägt uns seinen Standpunkt vor:
»Marabu ubaram mabura, ramabu, ura bam! «

Eva Rechlin
Über das Heulen von Eulen

Es sitzt die Eule in dem Turm
und heult so schaurig wie der Sturm.
Sie jammert laut: Huhuu! Huhuu!
Da hält man sich die Ohren zu
und schließt geschwinde alle Fenster
und sieht vor lauter Angst Gespenster.

Hast du noch nie gedacht, mein Kind,
daß Eulen auch mal hungrig sind?
Die Eule nämlich in dem Turm
schreit nur nach einem Regenwurm.

Christine Brand

Drei Krähen saßen auf einem Stein

Es war eine Frau,
die fiel in ein Loch,
und wenn sie nicht fort ist,
lebt sie dort noch.

Rosen sind rot,
grün ist der Lauch,
Zucker ist süß,
du bist es auch.

Drei Krähen saßen auf dem Stein,
saßen auf dem Stein,
saßen auf dem Stein.
Drei Krähen saßen auf dem Stein
an einem kalten Morgen.

Die zweite Krähe brach sich gleich ein Bein.
brach sich gleich ein Bein.
brach sich gleich ein Bein.
Die zweite Krähe brach sich gleich ein Bein
an einem kalten Morgen.

Die erste Krähe legte gleich ein Ei,
legte gleich ein Ei,
legte gleich ein Ei.
Die erste Krähe legte gleich ein Ei
an einem kalten Morgen.

Die dritte Krähe fing gleich an zu schrein,
fing gleich an zu schrein,
fing gleich an zu schrein.
Die dritte Krähe fing gleich an zu schrein
an einem kalten Morgen.

Die vierte Krähe war gar nicht dabei.

Ich ging nach Sill,
da war es still,
ich ging nach Kals,
dort ebenfalls,
nach Mistelbach,
wo niemand sprach.
Jedoch in Sankt Christophen,
da sprachen alle offen.

Ich möchte gern
woanders hin,
dann wäre ich,
wo ich nicht bin.
Doch wo ich bin,
da muss ich sein,
und wo ich hinwill,
leider nein.

Alte Verse aus dem Englischen
neu übersetzt von Gerald Jatzek

Bilder von Christine Brand

Der kleine Fritz Floh
hatte ein Schwein,
das war nicht sehr groß
und auch nicht sehr klein,
das war nicht sehr schwer,
das war nicht sehr leicht,
es konnte gut grunzen,
das hat Fritz gereicht.

Es war ein krummer Mann,
der ging den krummen Weg,
da fand er krumme Groschen
bei einem krummen Steg.
Er traf die krumme Katze,
die fing die krumme Maus,
dann lebten sie zusammen
in einem krummen Haus.

Wie viel Erdbeeren wachsen im Meer?
fragte mich einst ein seltsamer Herr.
Ich sagte ganz einfach, das müsste doch stimmen:
So viele, wie Fische im Wald herumschwimmen.

Drei kluge Männer aus Schilda
fuhren im Kochtopf aufs Meer.
Wäre der Kochtopf fester gewesen,
könntet ihr mehr über diese drei lesen.

Es war eine Dame,
die hatte kein Geld.
So hat man sie meistens
als dumm hingestellt.
Sie hatte kein Essen,
sie hatte kein Kleid
und keinerlei Sorgen
und keinerlei Leid.
Sie hatte kein Wissen,
sie hatte kein Glück
und ließ, als sie starb,
rein garnichts zurück.

Die alte Frau hat gesponnen,
so hat das Märchen begonnen.
Sie hatte ein Kalb,
nun kennst du es halb.
Sie zog das Kalb am Schwanz
und führte es zum Tanz,
nun kennst du das Märchen ganz.

Gerald Jatzek
Gedichte unterwegs

Wenn ein Gedicht in den Spiegel blickt,
schaut ein Gedicht zurück,

Schaut ein Gedicht aus dem Spiegel zurück,
das in den Spiegel blickt.

Wenn ein Gedicht die Straße langgeht,
ist es stets auf der Hut.
Weil ihm der Nordwind voll Übermut

sonst die Wörter verweht.

Wenn ein Gedicht auf dem Trampolin springt,
übt es in einem fort,
bis ihm bei diesem Sport

endlich ein Salto gelingt

 Wenn ein Gedicht ein Nashorn erblickt,
läuft es rasch davon.
Diese Dickhäuter haben schon
manche Zeile zerdrückt.

Jürgen Spohn

Eins, zwei Kinderlein
die stiegen in die Schachtel ein
Was taten sie da drin zu zwein?
Sie liebten sich, die liebten sich
und schliefen dicht beisammen ein

Christine von dem Knesebeck

Ob ich ihr sag, dass ich sie mag?

Ein schüchternes Liebeslied (zum Text gibt es auch Noten)

Ich mag wie sie lacht
und wie sie schaut.
Was sie auch macht,
was wie auch tut,
ich seh sie an
und mir geht es gut.
Ob ich ihr sag,
dass ich sie mag?

Ich möchte laut singen,
ich möchte laut pfeifen,
möchte hoch oben
nach Sternen greifen.
Wär es nicht schön
zusammen zu sein?
Wär es nicht schön,
mit ihr zu gehn?
Ob ich ihr sag,
dass ich sie mag?

Ich möchte laut singen,
möchte vor Freude

im liebsten zerspringen.
Wohin ich schau:
Die Welt steht Kopf
– alles ist neu.
Ob ich ihr sag,
dass ich sie mag?

Ich mag wie sie lacht
und wie sie schaut,
was sie auch macht,
was sie auch tut.
Sie sieht mich an
und ich fühl mich gut.
Wär es nicht schön,
mit ihr zu gehn?
Sie sieht mich an
und ich fühl mich gut.

Ob ich ihr sag,
dass ich sie mag?

Regina Schwarz

Keine Freundschaft

Der Bleistift
mag den Spitzer nicht.
Den findet er gemein.
Der gönnt ihm seine Größe nicht
und spitzt ihn klitzeklein.

Bilder von Klaus Ensikat

Rosita Blissenbach
Die Rache

Nödel war sauer.
Irgendeiner,
wohl ein Elefant,
machte gegen sein Haus.
Das war doch allerhand!
Jeden Tag.
Die Wand war naß.
Das war doch kein Spaß!
Nödel lag in der Nacht
auf der Lauer
schon seit Stunden
hinter einer Mauer,
den Tatort gut im Blick.
Doch kein Elefant weit und breit,
Nödel war es langsam leid.
Nur eine kleine Maus kam daher,
blieb stehn und …
und?!
Sie tat's!
Sie war's!
Sie tut's noch immer,
ein Bach, ein Meer,
es wird immer schlimmer.
He! rief Nödel,
was soll das sein!
Och, grinste die Maus,
ich mach nur mal klein
und schon war sie weg.
Doch Nödel verfolgte die Spur der Maus
und machte einen dicken Kloß
direkt vor ihr Haus.
He! schrie die Maus,
was soll das bloß!
Och, lachte Nödel,
ich mach nur mal groß.
Seither ist nichts mehr geschehn,
Nödel hat die Maus
nie mehr gesehn.

Wolfgang Rudelius
Der kleine Floh

Seht vergrößert im Bilde
den Raubmörder-Floh,
den sieht man sonst nie,
der kratzt und der beißt euch,
zum Beispiel ins Knie …
Doch sorgt er sehr lieb
für seine Raubmörder-Kinder,
dass sie immer schön satt sind
und gut schlafen im Winter.
Im Sommer dann
kommt er
mit Kind und mit Kegel,
kratzt, beißt euch
und zwickt euch am Po.
Herr Floh,
Sie sind mir
ein ganz schöner Flegel …

Verena Ballhaus

Günter Ullmann
Warum der Elefant
so schöne große Ohren hat

Der Tiger sagte:
»Lauf um den Busch herum!«
Der Elefant rannte durch den Busch.

Das Nashorn belehrte:
»Komm nicht in die Steppe!«
Der Elefant jagte durch das Gras.

Der Affe mahnte:
»Iß nicht vom Baum!«
Der Elefant naschte vom Baum.

Das Nilpferd sprach:
»Geh nicht ins Wasser!«
Der Elefant nahm ein Bad.

Der Papagei krächzte:
»Sei still!«
Der Elefant trompetete.

Der Löwe brüllte:
»Betrete nicht die Wüste!«
Der Elefant stampfte durch den Sand.

Weil der Elefant nicht hören konnte,
bekam er große Ohren.

Doch da es auch richtig ist,
wenn man nicht auf jeden hört,
sind seine Ohren so schön.

Verena Ballhaus

Juli A. Wittkamp

Hans Manz
Abenteuer in der Nacht

Hatte mich im Wald verirrt,
fragte mich durch.
Die Antwort eines Spechts:
Erst links, dann rechts.
Der Rat eines Finks:
Erst rechts, dann links.
Nein, doch gradaus,
sprach eine Meise,
sonst gehst du im Kreise.
Ach wo, bleib doch hier,
sagte ein Spatz,
in meinem Nest wär noch Platz.
Das brachte mich zum Lachen,
und das Lachen ließ mich erwachen.

Mustafa Haikal
Preisrätsel

Ob Krokodile kitzlig sind,
ist noch lange nicht bewiesen.
Mag sein, sie sind es,
aber wo?
Vorn oder hinten?
Und wenn ja,
wieso?
Am Bauch oder im Gesicht?
Und wenn nein,
warum nicht?
Zwischen den Zähnen?
Beim Fressen? Beim Gähnen?
Beim Schlafen? Im Traum?
Wir wissen es kaum!

Drum fordern wir zum Wettbewerb,
den Fall zu klären.
Wer gewinnt,
ob Mann oder Kind,
bekommt einen Preis.

Ob Krokodile kitzlig sind?
lautet die Frage.

Jeder suche sich ein Krokodil,
ob im Wald, ob im Zoo
oder sonst irgendwo.
Doch sollte es nicht zu klein sein.
Dreieinhalb Meter vom Schwanz
bis zum Maul
wären gut.

Wenn das Krokodil lacht,
habt acht!
Seid auf der Hut,
wie lange –
und wo
sich die kitzligen Stellen befinden.

Notiert es genau!
Lasst euch Zeit!
Wir stehen bereit
die Ergebnisse auszuwerten.
Und nun geht!
Sonst wird es spät,
zu spät für die Krokodile.
Es gibt deren viele.

Gerald Jatzek
Die Zeit

Man kann sie nicht riechen,
man kann sie nicht schmecken,
man kann sie einfach
nirgends entdecken.

Man kann sie vergeuden,
man kann sie vergessen.
Doch was man versäumt hat,
kann man nicht messen.

Man kann sie nicht kaufen,
man kann sie nicht borgen.
Man sucht das Gestern,
schon ist es morgen.

Man kann sie gut nutzen
und jemandem schenken,
und wenn man Zeit hat,
an sie denken.

Julia Kaergel

Hanna Johansen
Zehn Hasengedichte

Es waren einmal zwei Hasen
die gingen so gerne zu Fuß
auf Fels, auf Beton und auf Rasen
weil man irgendwo längsgehen muß

Es waren einmal zwei Hasen
die zimmerten sich ein Haus
keine Ahnung von Tuten und Blasen
aber das machte ihnen nichts aus

Es waren einmal zwei Hasen
die hingen am Telefon
der eine erfand neue Phrasen
und der andere kannte sie schon

R.S.Berner

Es waren einmal zwei Hasen
die hatten eine Wut
auf Onkel, Vettern und Basen
das tat den Hasen gut

Es waren einmal zwei Hasen
die liefen barfuß im Schnee
sie haßten Palmen, Oasen
froren lieber am Zeh

Es waren einmal zwei Hasen
die spielten so gerne krank
aber wenn sie vom Fieber genasen
seufzten sie: Gott sei Dank

Es waren einmal zwei Hasen
der eine lag gern auf dem Bauch
das brachte den andern zum Rasen
und dann raste der eine auch

Es waren einmal zwei Hasen
die wurden nie richtig satt
weil sie zuviel in Kochbüchern lasen
immer das erste Blatt

Es waren einmal zwei Hasen
die hatten einander so lieb
sie knabberten sich an den Nasen
bis keiner mehr übrigblieb

Es waren einmal zwei Hasen
die hatten einen Streit
sie zertrümmerten Teller und Vasen
um jede Kleinigkeit

Das rohe Ei auf dem löffel
in der Obhut des Raben,...
das möcht ich so gern haben...,
das mocht ich so gern haben...

Jutta Bauer

Ursula Krechel
Mahlzeit

Es fraß ein Kamel
ein großes fettes K
danach ein kleines rundes a
als man ihm dann ein m anbot
da kam sein Magen schon ins Lot
ein Kringel e
dann zum Kaffee
bevor es in die Wüste schaukelt
gib ihm schnell
ein Fläschchen l
schon ist es weggegaukelt.

Shel Silverstein
Das Omelett aus 19 Eiern

Diese Rühr0er
Sind 0ne Wucht
Ich übertr0be nicht.
Das sieht man ber0ts
An m0nem beg0sterten Gesichtsausdruck.
W0ch gerührt,
L0cht im Geschmack –,
Das z0chnet ihn aus,
Den f0nsinnigen M0sterkoch
Jetzt z0cht man mir die Rechnung …
Hmm … Doch nicht so pr0sgünstig …
R0chlich p0nlich.
Ich werde mal 0lig, aber h0mlich
Zum0ngang
0ern.

Aus dem Amerikanischen von Harry Rowohlt

Norbert Höchtlen
Heute im Angebot

Exklusiv für dich,
in Originalverpackung,
aus eigener Produktion,
nach DIN 1997 geprüft,
in bewährter Qualität,
nach Hausfrauenart zubereitet,
echt nahrhaft, vitaminreich
und erfrischend,
in verschiedenen Sorten,
Farben und Größen,
wegen Räumungsverkauf
und Wasserschaden,
heute für nur 9,99 DM:
dieser vollfleischige
Wortsalat!

F. W. Bernstein
Mahlzeit!

Obst
Die Sprache an und Pfirsich

Schmorzeit
Den Sprachkohl 20 Mal köcheln lassen.
köcheln köcheln köcheln köcheln
köcheln köcheln köcheln köcheln
köcheln köcheln köcheln köcheln
köcheln köcheln köchein
köcheln köcheln
köcheln
köcheln
kö –
reicht!

Nora Clormann-Lietz
Langeweile? Tu was!

Roll möpse
Speise eis
Mal stifte
Rate spiele
Bau klötze
Fang körbe
Schüttel reime
Lösch blätter
Schnür senkel
Weck gläser
Angel ruten
Back erbsen
Füll hörner
Wähl scheiben
Zieh federn
Zerr spiegel
Dreh türen
Tritt bretter
Kipp schalter
Tipp fehler
Gieß kannen
Lese zeichen
Fahr spuren
Stoß stangen
Klammer beutel
Lenk stangen
Schaukel pferde
Puste blumen
Kneif zangen

Bilder von Christine Brand

Ernst Jandl
der goldfisch

1
die mutter steckt das kind
ganz in das heiße bad.

das kind über dem wasser
nur kopf und hände hat.

fest in der einen hand
das kind den goldfisch hält.

ist rot und nennt sich goldfisch
weil gold ihm sehr gefällt.

2
die mutter seift das kind.
das kind den fisch sehr drückt.

die seife kommt ins aug.
das kind vor brennen schreit.

die mutter tief sich bückt.
der goldfisch hat ein loch gekriegt.

3
das kind den goldfisch stellt
aufs wasser, das nicht hält.

der goldfisch sauft sich voll
und sinkt ins wasser tief.

das kind holt ihn herauf
und leert den goldfisch aus.

es stellt ihn wieder hin.
gleich ist er im tiefen wasser drin.

4
du kriegst den goldfisch neu,
die mutter spricht zum kind.

da taucht der vater auf
und packt geschwind das kind.

das kind wird abfrottiert
und zum goldfischmann geführt.

5
die goldfischtür geht auf,
da schaut das kind hinauf.

dort stehen an der wand
alle fisch und frösche hand in hand.

das kind will einen goldfisch,
der vater streng bemerkt.

der goldfischmann fragt: welchen?
das kind hat sich's gemerkt.

6
dann geht das kind nach haus
den goldfisch an der hand.

die eltern gehen mit.
der goldfisch ist gespannt.

was ihn wohl jetzt erwartet?
noch nie nahm ihn ein kind.

das kind nimmt ihn ins Bett.
da schlafen beide ein geschwind.

7
da träumt das kind vom goldfisch
der neben ihm jetzt ruht.

der goldfisch träumt vom kind.
er träumt: das kind ist gut.

der andre goldfisch schläft
im ascheeimer drin.

und dieser arme goldfisch träumt:
wenn ich im bett bei meinem kinde bin.

Cornelia Augustin
nichts er durfte, nichts

nichts er durfte, nichts.
war trocken mit einem jahr,
mit zweien vollends rein.
nicht mal er planschte
mit wasser, nichts.
war brav immer.
ein liebes kind sehr.

als er dann in der psychiatrie allein
wurde er zum schwein.
sabberte und rotzte
rülpste und kotzte
alles durfte sein.
zwar war mit vierzehn jahr
er viel zu alt für – da.
doch endlich durfte er sich weben
sein eignes leben.

Gerhard Schöne
Die sieben Gaben

Wenn ich dir was wünschen dürfte,
mein liebes Kind,
wünsch ich dir die sieben Gaben,
die nicht leicht zu haben sind.

Die Geduld der Weinbergschnecke,
ruhig zieht sie ihre Bahn
und kommt unbemerkt von allen
still bei ihrem Ziele an.

Und den Stolz von meiner Katze,
kein Befehl bricht ihren Sinn.
Sie streicht nur um meine Füße,
wenn ich sanft zu ihr bin.

Wenn ich dir was wünschen dürfte,
mein liebes Kind,
wünsch ich dir die sieben Gaben,
die nicht leicht zu haben sind.

Die Balance des Stehaufmännchens.
Es schwankt etwas hin und her,
wenn man es zu Boden drückte
und steht dann wie vorher.

Und die Frechheit eines Flohes,
der die großen Tiere dreist
dort, wo sie am meisten stinken,
nicht hineinkriecht, sondern beißt.

Wenn ich dir was wünschen dürfte,
mein liebes Kind,
wünsch ich dir die sieben Gaben,
die nicht leicht zu haben sind.

Das Geheimnis eines Steines,
außen grau und unscheinbar,
weiß er doch in seinem Innern
einen Kristall, sternenklar.

Und den Traum des Samenkornes,
das sich in die Erde legt,
das die Blätter und Blüten,
Baum und Frucht in sich trägt.

Wenn ich dir was wünschen dürfte,
mein liebes Kind,
wünsch ich dir die sieben Gaben,
die nicht leicht zu haben sind.

Und zuletzt den Mut der Rose,
die noch einmal rot erblüht,
wenn schon Rauhreif und Neuschnee
jedes Feld überzieht.

Axel Scheffler

Franz Hodjak
Kinderlied

Kommt seht, da hab ich
ein Pferdchen gezeichnet,
es ist so schön blau,
wie ich Pferde lieb,
und weil ich mag,
dass Pferde auch singen,
ist sein Kopf
eine blaue Nachtigall.

Mein Pferdchen braucht
weder Wagen noch Schlitten,
es trägt einen Buckel,
der ist ein Haus
und wer mich bittet,
dem zeichne ich gern
mit blauem Stift
seine Wünsche hinein.

Jetzt kommt, wir reiten
ins Blaue mit ihm,
bis zum Ozean und
natürlich zurück –
die Reise beginnt, ich
pinsle ja schon
den fernen Ozean her.

Franz Wittkamp

Heinrich Böll
Für Sammy

Wir kommen weit her
liebes Kind
und müssen weit gehen
keine Angst
alle sind bei Dir
die vor Dir waren
Deine Mutter, Dein Vater
und alle, die vor ihnen waren
Weit weit zurück
alle sind bei Dir
keine Angst
wir kommen weit her
und müssen weit gehen
liebes Kind

Dein Großvater
8. Mai 1985

Axel Scheffler

Wisława Szymborska
Jahrmarkt der Wunder

Ein Alltagswunder:
daß es so viele Alltagswunder gibt.

Ein gewöhnliches Wunder:
das Bellen unsichtbarer Hunde in nächtlicher Stille.

Ein Wunder von vielen:
eine kleine und flüchtige Wolke,
aber sie kann den großen schweren Mond verschwinden lassen.

Mehrere Wunder in einem:
eine Erle, die sich im Wasser spiegelt,
und daß sie von links nach rechts gewendet ist
und daß sie mit der Krone nach unten wächst
und überhaupt nicht bis auf den Grund reicht,
obwohl das Wasser seicht ist.

Ein Wunder an der Tagesordnung:
recht schwache und milde Winde,
doch in der Sturmzeit böig.

Ein erstbestes Wunder:
Kühe sind Kühe.

Ein zweites, nicht geringeres:
dieser und kein anderer Garten
in diesem und keinem anderen Obstkern.

Ein Wunder ohne schwarzen Frack und Zylinder:
ausschwärmende weiße Tauben.

Ein Wunder, denn was sonst:
Die Sonne ging heute um drei Uhr vierzehn auf,
und sie wird untergehen zwanzig Uhr eins.

Ein Wunder, das nicht so verwundert, wie es sollte:
Die Hand hat zwar weniger Finger als sechs,
dafür mehr als vier.

Ein Wunder, so weit man schauen kann:
die allgegenwärtige Welt.

Ein beiläufiges Wunder, beiläufig wie alles:
was undenkbar ist – ist denkbar,

Übertragen von Karl Dedecius

Skizze Dorothea Göbel

Marie Luise Kaschnitz
Müllabfuhr

Meine Gedichte
Ins Schmierheft gekritzelt
Verworfen zerhackt
Mit neuen Gliedmaßen ausgestattet
Blau angestrichen rot
Mit Flitter behangen
Der Flitter heruntergerissen
Kargwort neben Kargwort

Endlich das Ganze zerknüllt
Von der Hand in den Müll
Und fortgerollt mit Getöse
Am nächsten Morgen
Nur Worte noch zwei oder drei
Tanzen im Kielstaub
Leuchten auf in der Sonne.

Verena Ballhaus

Salah Naoura
Der Ein- und Allesnehmer

Es war einmal ein Mann
der nahm immer nur ein
der wollte schon von Anfang an
ein Allesnehmer sein

Der hatte ein Haus
eine Laus
ein Pferd
einen Herd
Der hatte ein Kind
ein Rind
eine Frau
eine Sau
Der hatte ein Land
einen Strand
ein Meer
ein Gewehr
und ein Auto, ein Boot und Hunger und Durst
und Bier und Brot und Wein und Wurst
und Hemd und Hose und Hund und Katze
Und Gold und Geld und 'ne halbe Glatze
Der nahm immer nur ein
und einer
und einer
er war der Größte
und alles war kleiner
Eines Tages ging er umher
durch sein Land

durch den Sand
an dem Strand
an dem Meer
und fühlte sich müde
und fühlte sich schwer
Er hatte im Sand nach Schätzen gegraben
und wollte jetzt gleich und sofort etwas haben
Ihm fiel nur nichts ein
– was könnte das sein?

Da, plötzlich, begann er zu lächeln
und sodann, sich hastig Luft zuzufächeln
Er hatte nämlich unverdrossen
ganz im Ernst und listig beschlossen
die Luft in allen Spalten und Ritzen
ab jetzt und sofort ganz allein zu besitzen
Er atmete einfach nur noch ein
und nie mehr aus – so sollte es sein!
Er atmete eiiiin
und einer
und einer
– und fühlte sich feiner
Er atmete mehr
– und wölbte sich sehr
Er atmete seichter
– und fühlte sich leichter
Er atmete knapp
und plötzlich hob er vom Boden ab
und war so rund wie ein Ballon
und schwebte mit dem Wind davon

Die Leute kamen gelaufen
und hörten ihn schnaufen
Er atmete einfach immer nur ein
und einer
und einer
wurde kleiner
und kleiner
bis er schließlich mit fächelnder Hand
lächelnd hinter den Wolken
verschwand

Sarah Kirsch
Ausschnitt

Nun prasselt der Regen.
Nun schlägt er Löcher in den Sand.
Nun sprenkelt er den Weg.
Nun wird der Weg grau.
Nun wird das Graue schwarz.
Nun weicht der Regen den Sand auf.
Nun rieseln Bäche durch den Schlamm.
Nun werden die Bäche zu Flüssen.
Nun verzweigen die Flüsse sich.
Nun schließen die Flüsse die Ameise ein.
Nun rettet sich die Ameise auf eine Halbinsel.
Nun reißt die Verbindung ab.
Nun ist die Halbinsel eine Insel.
Nun wird die Insel überschwemmt.
Nun treibt die Ameise im Strudel.
Nun kämpft sie um ihr Leben.
Nun lassen die Kräfte der Ameise nach.
Nun ist sie am Ende.
Nun bewegt sie sich nicht mehr.
Nun versinkt sie.
Nun hört der Regen auf.

Ernst Jandl
leises gedicht

du, beim essen spricht man nicht.
nicht mit vollem munde sprechen.
jetzt sprechen die großen, die kleinen nicht.
halt deinen mund, du wicht.

wenn du ein gedicht bist, dann ein leises.
klein wie du, bist du vielleicht ein weises.
oder du bist blöd, dann noch am besten lautlos.
blick auf, wie schön über dir, du aas,
der himmel blau ist.

Wolf Biermann

Ermutigung

Peter Huchel gewidmet

Du, laß dich nicht verhärten
In dieser harten Zeit
Die all zu hart sind, brechen,
Die all zu spitz sind, stechen
und brechen ab sogleich

Du, laß dich nicht verbittern
In dieser bittren Zeit
Die Herrschenden erzittern
– sitzt du erst hinter Gittern –
Doch nicht vor deinem Leid

Du, laß dich nicht erschrecken
In dieser Schreckenszeit
Das wolln sie doch bezwecken
Daß wir die Waffen strecken
Schon vor dem großen Streit

Du, laß dich nicht verbrauchen
Gebrauche deine Zeit
Du kannst nicht untertauchen
Du brauchst uns, und wir brauchen
Grad deine Heiterkeit

Wir wolln es nicht verschweigen
In dieser Schweigezeit
Das Grün bricht aus den Zweigen
Wir wolln das allen zeigen
Dann wissen sie Bescheid

Klaus Ensikat

Axel Scheffler

Paul Celan
Abzählreime

Ich bin groß, du bist das Küken,
Hihihimmel, sollst dich bücken,
Muß mir meine Schputniks pflücken.

Erst der gelbe,
Dann derselbe,
Dann der schwarze
Mit der Warze.
Außerdem frißt uns die Katze.

Außerdem und Innerdem,
Polikarp und Polyphem,
Russruss, Landam, Erika
Und der ganze Laden da –
Wozu – Weil – Jaweilwozu
Hättenhätten wirdennruh.

Christine Brand

Wer hat was gesagt?

Im Fluß schwimmt ein Fisch.
Wer hat gesagt, daß es ein Fisch ist?
Der quakende Frosch sagte es.
Wer hat gesagt, daß es der Frosch war?
Der meckernde Ziegenbock sagte es.
Wer hat gesagt, daß es der Ziegenbock war?
Der Greis, der die Stute melkt, sagte es.
Wer hat gesagt, daß es der Greis war?
Der Knabe, der auf dem Fohlen reitet, sagte es.
Wer hat gesagt, daß es der Knabe war?
Die Lämmer, die der Knabe hütet, sagten es.
Wer hat gesagt, daß es die Lämmer waren?
Das Junge der roten Antilope sagte es,
und das gepunktete Kind der braunen Antilope
und die Hügel, die sie besteigen und
die Schluchten, die sie überspringen,
alle sagten es, alles sagte es!

Aus dem Russischen von Róža Domašcyna
und Kairist Bakbergenow

Verena Ballhaus

Bernd Lunghard
Ewiges Rätsel

Was war zuerst da – Ei oder Henne?
Ich fragte mein Huhn und Professor Ordenne.
Mein Hühnchen sagte dreimal Dock dag;
der Professor erklärte den halben Tag.
Doch weiß ich bis heut nicht, was früher vorhanden –
ich habe beide nicht verstanden …

Frederike Frei

Wolpertinger und Liebe

Liebst du michel
lieb ich dichel
ganz sichel
inniglichel

Kleine Stichel
mag ich nichel
Komm mir ja nicht
auf die Schlichel

Im Geringel
und Gerangel
macht der Schlingel
mit der Schlangel

Wolpertingeltangel.

Nah am Klavier
steht so ein Tier
Drückt mit der Tatze
leicht auf die Taste
leis macht es „pling"
— klingt wie Chopin.

Jutta Bauer

Fredrik Vahle

Die Farben

Vom Himmel das Blau,
von den Mäusen das Grau,
von Tomaten das Rot
und das Braune vom Brot,
grüne Wiesen dabei
und das Gelbe vom Ei.

Elisabeth Borchers

Kleines Wörterbuch

aus Wort und Zahl
und Hunger und Mahl
und Stein und Bein
und Mein und Dein
mit Punkt und Strich
und Hieb und Stich
und Komm und Geh
und Heim und Weh
von Nord nach Süd
bis Froh und Müd
auch Flug und Ritt
und Dank und Bitt
dann Such und Find
ein Schönes Kind
aus Morgen, Rot
bis Abend, Brot
von Berg zu Werk
aus Fried und Streit
und Lieb und Leid
und Leib und Seel
dazu ein Haus
und Aus.

Erwin Grosche
Nach dem Spülen

(Sprich dieses Gedicht tatsächlich mal beim Einräumen des Bestecks.)

Und Löffel zu Löffel ins Löffelfach
Und Gabel zu Gabel ins Gabelfach
Und Messer zu Messer ins Messerfach

Ach, was für'n Krach!
Wenn ich will, bin ich still.

(geflüstert)
Und Löffel zu Löffel ins Löffelfach
Und Gabel zu Gabel ins Gabelfach
Und Messer zu Messer ins Messerfach

Wenn ich will, bin ich still.
Manchmal, wenn ich lustig bin,
werf ich alles lustig hin:

Und Löffel zu Löffel ins Gabelfach
Und Gabel zu Gabel ins Messerfach
Und Messer zu Messer ins Löffelfach

Manchmal, wenn ich lustig bin,
werf ich alles lustig hin.
Manchmal geht es mir so gut,
da packt mich der Übermut:

Und Löffel zu Gabel ins Messerfach
Und Gabel zu Messer ins Löffelfach
Und Messer zu Löffel ins Gabelfach

Wenn ich will –
bin ich still.

Verena Ballhaus

Inge Meyer-Dietrich
Traumbuch

Ich wollte schon immer ein Vogel sein.
Gestern im Traum bin ich einer gewesen.
Ich saß im höchsten Buchenbaum
und habe – was sonst? – ein Buch gelesen.

Es war ein Buch nach Vogelart,
mal federleicht mal flügelschwer.
Ich flog mit ihm im Traum davon
und wollte immer mehr!

Als dann der Traum zu Ende war,
bin ich kein Vogel mehr gewesen.
Geflogen bin ich immer noch.
Ich hab einfach weiter gelesen.

Rotraut Susanne Berner

A

a

EIN ALPHABET MIT
26 ZEICHNUNGEN
VON EDWARD LEAR.
ÜBERTRAGEN VON
SALAH NAOURA

F

f

A war eine Apfeltorte,
torte,
bester
Sorte
torte.
bald schon forte
Apfeltorte

D

d

F war einst ein kleiner Fisch,
fischer,
frischer,
zischer
fischer,
auf dem Tischer
kleiner Fisch

G

g

B

b

B war einst ein kleiner Bär,
bärer,
eher
leerer
bärer,
hungrig sehrer
kleiner Bär

D war einst ein schöner Drachen,
dracher,
lacher,
macher,
dracher,
runterkracher
schöner Drachen

E

G war eine kleine Gans,
ganse,
ab und
anse
franse
federschwanse
kleine Gans

H

h

C

c

C war einst ein Cowboyhut,
huter,
guter,
reso-
luter,
cowboyhuter
Cowboyhut

e

E war einst ein Elefant,
elefanter,
mit dem Panther
wie bekannter
nicht verwandter,
elefanter
Elefant

H war einst ein altes Huhn,
huhnes,
schunes,
brunes,
huhnes,
müde nunes
altes Huhn

I

i

I war einst ein Idiot,
idioter,
zeterzoter,
Korn und Schroter,
idioter,
sehr chaoter
Idiot

J

j

J war einst ein Jagdgewehr,
jagdgewehres,
jagtebäres
hin und heres
jagdgewehres,
trafnichtmehres
Jagdgewehr

K

k

K war eine Klapperschlange,
schlange,
lange,
range
schlange,
niemals bange
Klapperschlange

L

l

L war einst eine Languste,
guste,
immer
luste
guste,
selbstbewußte
Meerlanguste

M

m

M war eine kleine Maus,
mause,
schlause,
sause
mause,
nie zu Hause
kleine Maus

N

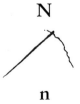

n

N war eine feine Nadel,
nadle,
aus dem
Ladle
nadle,
mit Bindfadle
feine Nadel

O

o

O war einst ein Oberteil,
oberteiles,
sogarheiles,
langeweiles
oberteiles,
ohne jedes Unterteiles
so alleines Oberteil

P

p

P war eine alte Pumpe,
pumpe,
schlumpe,
plumpe
pumpe,
gar nicht dumpe
alte Pumpe

Q

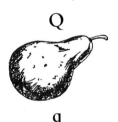

q

Q war eine gelbe Quitte,
quitte,
bitte
dritte
quitte,
in der Mitte
gelbe Quitte

R

r

R war eine rote Rose,
rose,
sose
frohse
rose,
stets in Pose
rote Rose

S

s

S war einst ein Sahneeis,
sahneeises,
sahneleises
sahneeises,
löffelweises
schnell verspeises
Sahneeis

T

t

T war eine kleine Taube,
taube,
garten
laube
taube,
auf Urlaube
Turteltaube

U

u

U war eine alte Uhr,
uhre,
sture
nure
uhre,
an der Schnure
alte Uhr

V

v

V war eine alte Villa,
ville,
stille,
lille
ville,
mit Windmille
alte Villa

W

w

W war einst ein kleiner Wal,
waler,
ziemlich
kahler
waler,
schwimm doch maler,
kleiner Wal

X

x

X war einst der König Xerxes,
xerxer,
aller
sterxer
xerxer,
aufsammerxer
König Xerxes

Y

y

Y war einst ein Yak,
jackes,
gar nicht
wrackes
jackes,
noch auf Zackes
altes Yak

Z

z

Z war einst ein Stückchen Zink,
zinkes,
schlinkes,
dinkes
zinkes
blitzeblinkes
Stückchen Zink

Amsel
Biene
Chamäleon
Drossel
Dachs
Biber
Ameise
G
F
Frosch
Gürteltier
H
Hase
Eichhörnchen
Igel
Elch
Ibis
Jaguar
Leguan
Marabu
Käfer
Koalabär
N
Qualle
Otter
Pinguin
Nashorn
Ratte
Uhu
R
Viper
Schnabeltier
Tukan
Waschbär
Yak
Zebra

Tier-ABC von Axel Scheffler

Christian Morgenstern

Neue Bildungen,
der Natur vorgeschlagen

Der Ochsenspatz
Die Kamelente
Der Regenlöwe
Die Turtelunke
Die Schoßeule
Der Walfischvogel
Die Quallenwanze
Der Gürtelstier
Der Pfauenochs
Der Werfuchs
Die Tagtigall
Der Sägeschwan
Der Süßwassermops
Der Weinpintscher
Das Sturmspiel
Der Eulenwurm
Der Giraffenigel
Das Rhinozepony
Die Gänseschmalzblume
Der Menschenbrotbaum.

Lino Fastnacht

Peter Maiwald

Der Wortmacher

Worte macht er, blaue, gelbe
(manchmal gleiche, nie dasselbe)
Koseworte, schlimme Flüche
kluge Worte, hanebüchne
Worte, die sehr bitter schmecken
Worte, die den Mund sich lecken
Worte, die auf Zungen liegen
Worte, die das Ohr betrügen
Worte zum Herunterschlucken
Worte zum Zusammenzucken
Witzesworte, Worteswitze
Donnerworte, Blitzwortblitze
alte Worte, unerhörte
klare Worte und verstörte
reiche Worte und sehr arme
kalte Worte und sehr warme
Worte, um die Welt zu messen
Worte, um nichts zu vergessen
Worte, Worte ohne Ende
daß das Zauberwort sich fände …
(Aber kommt ein Kind zu Wort
wirft er alle seine fort.)

Erwin Grosche

Das Nichts
(Jemand hält sich die Augen zu)

Hinter mir
und
vor mir
gibt es
Nichts!

Max Kruse

Mein Haus

Dies ist ein Haus,
dies ist mein Haus
und niemand soll drin wohnen
als ich und du
und Müllers Kuh
und tausend Kaffeebohnen.
Doch Schwirrlefips
und Schwarlefaps
und Trippeltrips
von Trappeltraps,
die sollen mich verschonen!

Erwin Moser

Erwin Moser

Schwipp-Schrack

Der Schwipp-Schrack
klackt
und sein Bruder,
der Twist,
ungeschickt wie er ist,
kippt in einen
Topf mit Lack.
Mist!

Huberta Zeevaert

Der Nußknacker

Sie will zwar nicht,
jedoch, sie muß!
Ich knacke sie
dann doch zum Schluß,
die harte Nuß!

Shel Silverstein
Das tödliche Auge

Dies ist das tödliche Auge
Des bösen Herrschers von Dideldum.
Dies ist das tödliche Auge;
Sieh nicht hinein, blätter lieber ganz schnell um.
Denn wer's erblickt, der ist verratzt.
Nur gut, daß du's bisher noch nie gesehen hatt'st.
Oder hast du's gar gewagt doch …?
Na, dann einen schönen Tag noch.

Aus dem Amerikanischen von Harry Rowohlt

Robert Gernhardt
Katz und Maus

Die Katze spricht: Ich bin nicht so,
wie alle Welt vermutet.
Ich töte Mäuse, ja, jedoch
mit einem Herz, das blutet.
Mit einem Herz, das zuckt und schreckt,
mit einem Herz, das leidet –
Mit meinem Herz? Nein, dem der Maus!
Denn wenn uns etwas scheidet,
die Maus und mich, dann ist es das:
Ich bin der Fresser. Sie ist Fraß.

Peter Härtling
Ein Pudel spricht zur Nudel

Hahn
Gemeinhin ist der Hahn
geschwellt.
Er hält
viel von dem, was er getan.
Was gar nichts ist
als der Gipfel vom Mist.

Hase
Hier hast du einen Hasen
mit zwei zu langen Nasen.
Aus beiden kann er blasen:
ein zweistimmig Hasenlied,
vor dem ein jeder Jäger flieht.

Bär
Ein dicker, schwarzer Bär
stellt feine weiße Milch her.
Das tut er nicht aus Vererbung,
sondern bloß für die Werbung.

Qualle
Trittst du in eine Qualle
beginnt schon das Gelalle.
Dabei hat die Qualle
nicht alle.
Sie will nämlich schweben
ihr ganzes Leben.

Pudel und Nudel
Ein Pudel
spricht zur Nudel:
Ich mag dich nicht.
Die Nudel
spricht zum Pudel:
Du bist nicht dicht.

Mutprobe

Axel Scheffler

Löwe
Den Löwen darf ich nicht vergessen.
Er hat schon viele wie mich gefressen.
Und wenn er satt ist, rülpst er vor sich hin.
Wie froh bin ich, dass ich nicht gefressen bin.

Axel Scheffler

Jürg Schubiger
Gleich und ungleich

Erst knurrt mein Hund,
dann knurrt mein Bauch.
Mein Herz schlägt laut,
die Wanduhr auch.

Mein Bruder brüllt.
Ich schreie: Nein!
Ich bin ein Mensch,
er ist ein Schwein.

Manfred Peter Hein
Der Specht

Am Telegrafenmast trommelt
quer durchs Trommelalphabet
der Specht.

Spannt eure Ohren,
Würmer und Larven!

Was er auch trommelt
auf Holz oder Blech,
der Specht hat Recht.

Christine Brand

Lutz Rathenow
Was sonst noch passierte

Der Prinz von Kanada traf den König von Albanien.
Ich bin der Prinz von Kanada, sagte der Prinz von Kanada.
Und ich der König von Albanien, erwiderte der König von Albanien.
Dich gibt es doch gar nicht, sagte der Prinz von Kanada.
Dich aber auch nicht, sprach der König von Albanien.
Und beide schüttelten verwundert ihre Köpfe.

Jürg Schubiger
Ich bin so

Ich bin so
so traurig,
dass mir der Kopf
fast vom Hals fällt,
dass das Dach
vom Haus fällt,
dass das Haus fällt.

Habe Füße wie
wie in viel zu großen Schuhn,
Hände wie
wie in viel zu großen Handschuhn.

Versteh nicht, was da
was gelacht wird ringsherum.
Ich bin so
wie ein Hund,
so traurig
wie ein Huhn,
ein gelbes Suppenhuhn,
ein altes Weißbrot,
ein Kuchen, der nicht aufgeht,
nie mehr auf.

Ich bin so
so traurig,
dass die Tränen nur so
an mir herunterlaufen,
immer nur so herunter,
dass das Hemd nass, die Hose nass,
das Haus nass.

Denn das hört
denn das hört nie mehr auf,
dass der Kopf mir fast vom Hals,
dass das Dach fällt,
dass das Haus.

Josef Guggenmos
Mein Tag und dein Tag
Fünf Haiku

Mein Tag. Und dein Tag.
Ihr Tag, der Elster Tag. Tag,
unzählbarer Tag.

Du lobst den Tag schon
vor Tag. Soll man's? Du wagst es!
Amsel, du schwarze!

Frag nicht die Felsen,
die Schweiger. Frag »Was ist Glück?«
Falter und Fohlen.

Kunstwerk Spinnennetz
mir im Weg. Mich verneigend
geh ich unten durch.

An der Hauswand sitzt
ein beinah Nichts wie ich, sitzt,
sonnt sich ein Falter.

R.S.Berner

Walther Petri
Wende

setz ein We vor das Ende
fertig ist die Wende
allein in der Sprache
geht alles so schnell
in Wirklichkeit wird
es nur langsam hell

Peter Jepsen
Graue Ha re

D eses Gedi ht
ist alt.
Es verliert s hon
 uchstaben.
Aber es wi l nicht
in die Bibliothe
Auf gar kein Fall.

k

Fredrik Vahle

Vom Schweigen der Indianer

Indianer sind Menschen,
die sagen ihren Kindem nicht:
Jetzt seid mal endlich ruhig.
Oder: Halt den Mund,
du bist noch ein Kind!
(Dabei ist der Mund doch angewachsen,
wie soll man ihn halten?)
Sie machen ihren Kindern
Freude an der Stille.
Sie setzen sich hin und hören zu,
wenn nichts laut wird …
Sie sehen, wo es nichts zu sehen gibt,
und hören, wo es nichts zu hören gibt.
Vieles hören sie dann wie neu …
Wie in einem Traum
hören sie die Worte des Wassers,
die Gespräche der Fische
und das Wachsen des Grases.
Und sie hören in der Stille,
wie alles miteinander verbunden ist:
Der Mensch und die Erde …
das Sandkom und der Stern …
der Wind und das Gras …
der Himmel und der Mensch.

Christine Brand

Walther Petri

Sehnsucht

Sehnsucht kommt von sehnen suchen
Sehnsucht kommt von ganz allein
wer schon will die ganze Zeit
nur mit sich zusammen sein

Gerhard Meier
Einem Kind

Wirst dir einige Figuren zulegen
Hans im Glück
zum Beispiel
Mann im Mond
St. Nikolaus
zum Beispiel
und lernen
daß die Stunde sechzig Minuten hat
kurze und lange
daß zwei mal zwei vier ist
und vier viel oder wenig
daß schön häßlich
und häßlich
schön ist
und
daß historisches Gelände
etwas an sich hat

Zuweilen
sommers oder so
begegnet dir in einem Duft von Blumen
einiges dessen
das man Leben nennt
Und du stellst fest
daß
was du feststellst
etwas an sich hat

Franziska Biermann

Rudolf Otto Wiemer
Die Wolke

Es ist eine Wolke
übers Land gegangen,
da ließen die Blumen die
Köpfe hangen.

Es hat gelber Regen
in den Bäumen gesessen,
da haben die Vögel
ihr Lied vergessen.

Es wehte ein Windstoß
auf Kräutern und Steinen,
da wollte der Sonne
Schein nicht mehr scheinen.

Es wurde das Waldlaub
wie Staub so trocken,
da sind die Menschen
zu Tode erschrocken.

William Carlos Williams
Völlige Zerstörung

Es war ein eiskalter Tag.
Wir begruben die Katze,
trugen die Kiste hinaus
und verbrannten sie

im Hinterhof.
Was an Flöhen entkam
der Erde, dem Feuer
ging an der Kälte ein.

Übertragen von Hans Magnus Enzensberger

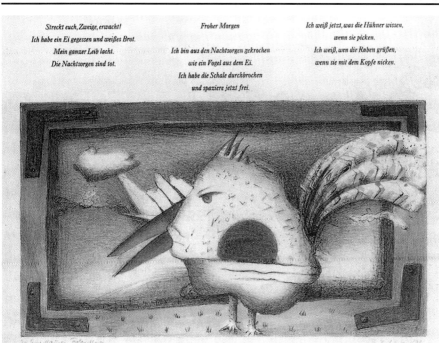

Streckt euch, Zweige, erwacht!
Ich habe ein Ei gegessen und weißes Brot.
Mein ganzer Leib lacht.
Die Nachtsorgen sind tot.

Froher Morgen

Ich bin aus den Nachtsorgen gekrochen
wie ein Vogel aus dem Ei.
Ich habe die Schale durchbrochen
und spaziere jetzt frei.

Ich weiß jetzt, was die Hühner wissen,
wenn sie picken.
Ich weiß, wen die Raben grüßen,
wenn sie mit dem Kopfe nicken.

Lithographie von Renate Herfurth zum Gedicht »Froher Morgen« von Georg Maurer – stark verkleinert.

Roswitha Fröhlich

Dort, wo die Welt aufhört

Dort, wo die Welt aufhört,
am Horizont,
habe ich die Sonne ins Wasser fallen sehen.
Von einer Sekunde zur anderen
sank sie hinter der glatten Meeresscheibe
ins Nichts.
Wenn ich nicht wüßte,
daß die Erde rund ist,
würde ich denken,
die Sonne sei für immer versunken.
Aber Gott sei Dank habe ich ja gelernt,
nicht nur meinen Augen zu trauen.

Karl Krolow

Robinson

Immer wieder strecke ich meine Hand
Nach einem Schiff aus.
Mit der bloßen Faust versuche ich,
Nach seinem Segel zu greifen.
Anfangs fing ich
Verschiedene Fahrzeuge, die sich
Am Horizont zeigten.
Ich fange Forellen so.
Doch der Monsun sah mir
Auf die Finger
Und ließ sie entweichen,
Oder Ruder und Kompaß
Brachen. Man muß
Mit Schiffen zart umgehen.
Darum rief ich ihnen Namen nach.
Sie lauteten immer
Wie meiner.

Jetzt lebe ich nur noch
In Gesellschaft mit dem Ungehorsam
Einiger Worte.

Kurt Sigel

Wollen

Wenn wir wollten wie wir können
und könnten wie wir wollen
täten wir wollen daß wir wirklich so wollen
wie wir können
dann könnten wir wollen können
oder wollen wollen
wie wir wirklich wollen
wirklich!

Maria Lypp
Anfangen

Wenn ich nicht mehr weiterweiß,
was fange ich dann an?
    Was Altes, was Neues?
    Was Krummes, was Dummes?
    Was Schlaues, was Graues?
    Was Hartes, was Zartes?
    Was Rohes, was Hohes?
    Was Elftes, was Zwölftes?
Wenn ich einen Anfang weiß,
ist der Kreis zu Ende.
Spring ich aus der Bahn:
Ja. Das fang ich an.

Ernst Jandl
der tisch

in memoriam jürgen spohn

das große A liegt auf dem tisch
das messer liegt zur rechten
die gabel liegt zur linken
die lade ist geschlossen
der tisch steht auf vier beinen
wenn ich auf diesem bilde bin
dann bin ich in der lade drin

Jürgen Spohn

messergabelschereICH

Peter Jepsen

Du wirst gefragt, was dein Gedicht bedeutet.

Warum fragt man nicht den Apfelbaum,

was seine Frucht – der Apfel bedeutet?

Wenn der Apfelbaum reden könnte,

würde er antworten:

Beißt hinein, und ihr werdet sehen,

was er bedeutet.

Vasko Popa

Ach und O sind zwei Gedichte, die jeder versteht.
Und verhältnismäßig kurz,
sie erfordern keine langjährige Übung im Lesen.
Ob sie jedem gefallen,
ist eine andere Frage.
Günter Eich

Ute Stechowsky-Göhringer

Klaus Ensikat

Frantz Wittkamp

Befragungen von Fischen bestätigen inzwischen: Die meisten
Fische träumen vom Leben auf den Bäumen

Neunzehn Findlinge

Art und Herkunft unbekannt,
wachsam, freundlich, zugelaufen,
spricht und singt und gibt die Hand,
umstandshalber zu verkaufen.

*

Auf der Erde neben mir
sitzt das große schwarze Tier.
Manchmal leckt es meine Wange,
denn wir kennen uns schon lange.

*

Damals kannten wir uns noch nicht.
Regen kannten wir, Luft und Licht,
damals, vor viel Millionen Jahren,
damals, als wir noch Pflanzen waren.

*

Den Denker darfst du alles fragen,
der überlegt, bevor er spricht,
um dir zu guter Letzt zu sagen:
»Ich stelle fest, ich weiß es nicht.«

*

Der Dichter macht mir ein Gedicht.
Gedichte kosten Geld, ich weiß.
Er macht mir eins, das reimt sich nicht,
das läßt er mir zum halben Preis.

*

»Erzähl doch bitte weiter,
und was passierte dann?«
»Dann fiel er von der Leiter
und kam nie unten an.«

※

Etwas Großes zu vollbringen
wäre eine Kleinigkeit,
hätte ich zu solchen Dingen
einmal nur genügend Zeit.

※

Wie lange mag ich hier schon liegen?
Es müssen Jahrmillionen sein.
Ich träume manchmal noch vom Fliegen,
doch meine Federn sind aus Stein.

※

Wörter können Wunder sein,
Wörter können Schweigen brechen.
Kleine Wörter, ja und nein,
können dir die Welt versprechen.

※

Auf einmal fiel ich aus dem Nest.
Ich fiel und fiel und stellte fest,
das hatten alle mir verschwiegen,
ich stellte fest, ich konnte fliegen.

※

Eines Tages sind die Jungen
alte Leute, wie es scheint.
Alle Lieder sind gesungen,
alle Tränen sind geweint.

※

Er spricht und spricht und spricht
und hört nicht auf zu sprechen.
Auch dir gelingt es nicht,
ihn je zu unterbrechen.

※

Es war einmal ein schlaues Tier,
das fraß beschriebenes Papier.
Es schluckte haufenweise Wissen
und hat ein Lexikon geschissen.

※

Man hat den Herrn versehentlich
wie einen Hund behandelt,
und auf der Stelle hat er sich
in einen Hund verwandelt.

※

Mein Roboter ist wunderlich.
Fast wie ein Mensch benimmt er sich.
So daß ich manchmal glaube,
es fehlt ihm eine Schraube.

※

Weil wir uns nicht trauen,
auf den Tisch zu hauen,
werden wir inzwischen
geliebt von allen Tischen.

※

Wie zu Anfang, so auch jetzt
und so weiter bis zuletzt:
Leben, dasein, existieren
heißt vor allem Zeit verlieren.

※

Zuletzt war die Vergangenheit
unweigerlich vergangen.
Die Zukunft hatte mit der Zeit
allmählich angefangen.

Christine Brand

Bertolt Brecht
Kinderkreuzzug

In Polen, im Jahr Neununddreißig
War eine blutige Schlacht
Die hatte viel Städte und Dörfer
Zu einer Wildnis gemacht.

Die Schwester verlor den Bruder
Die Frau den Mann im Heer;
Zwischen Feuer und Trümmerstätte
Fand das Kind die Eltern nicht mehr.

Aus Polen ist nichts mehr gekommen
Nicht Brief noch Zeitungsbericht.
Doch in den östlichen Ländern
Läuft eine seltsame Geschicht.

Schnee fiel, als man sich's erzählte
In einer östlichen Stadt
Von einem Kinderkreuzzug
Der in Polen begonnen hat.

Da trippelten Kinder hungernd
In Trüpplein hinab die Chausseen
Und nahmen mit sich andere, die
In zerschossenen Dörfern stehn.

Sie wollten entrinnen den Schlachten
Dem ganzen Nachtmahr
Und eines Tages kommen
In ein Land, wo Frieden war.

Da war ein kleiner Führer
Das hat sie aufgericht'.
Er hatte eine große Sorge:
Den Weg, den wußte er nicht.

Eine Elfjährige schleppte
Ein Kind von vier Jahr
Hatte alles für eine Mutter
Nur nicht ein Land, wo Frieden war.

Ein kleiner Jude marschierte im Trupp
Mit einem samtenen Kragen
Der war das weißeste Brot gewohnt
Und hat sich gut geschlagen.

Und ging ein dünner Grauer mit
Hielt sich abseits in der Landschaft.
Er trug an einer schrecklichen Schuld:
Er kam aus einer Nazigesandtschaft.

Und da war ein Hund
Gefangen zum Schlachten
Mitgenommen als Esser
Weil sie's nicht übers Herz brachten.

Da war auch eine Schule
Und ein kleiner Lehrer für
    Kalligraphie.
Und ein Schüler an einer
    zerschossenen Tankwand
Lernte schreiben bis zu Frie…

Da war auch eine Liebe.
Sie war zwölf, er war fünfzehn Jahr.
In einem zerschossenen Hofe
Kämmte sie ihm sein Haar.

Die Liebe konnte nicht bestehen
Es kam zu große Kält:
Wie sollen die Bäumchen blühen
Wenn so viel Schnee drauf fällt?

Da war auch ein Begräbnis
Eines Jungen mit samtenem Kragen
Der wurde von zwei Deutschen
Und zwei Polen zu Grab getragen.

Protestant, Katholik und Nazi war da
Ihn der Erde einzuhändigen.
Und zum Schluß sprach ein kleiner
  Kommunist
Von der Zukunft der Lebendigen.

So gab es Glaube und Hoffnung
Nur nicht Fleisch und Brot.

Und keiner schelt sie mir, wenn sie was
  stahln,
Der ihnen nicht Obdach bot.

Und keiner schelt mir den armen Mann
Der sie nicht zu Tische lud:
Für ein halbes Hundert, da braucht es
Mehl, nicht Opfermut.

Sie zogen vornehmlich nach Süden.
Süden ist, wo die Sonn
Mittags um zwölf steht
Gradaus davon.

*Zum 70. Geburtstag von Bertolt Brecht wurde ein Zeichenwettbewerb für Kinder
(zu Texten von Brecht) ausgeschrieben – dieses Bild zum »Kinderkreuzzug«
malte Gisela Menshausen (14).*

Sie fanden zwar einen Soldaten
Verwundet im Tannengries.
Sie pflegten ihn sieben Tage
Damit er den Weg ihnen wies.

Er sagte ihnen: Nach Bilgoray!
Muß stark gefiebert haben
Und starb ihnen weg am achten Tag.
Sie haben auch ihn begraben.

Und da gab es ja Wegweiser
Wenn auch vom Schnee verweht
Nur zeigten sie nicht mehr die
   Richtung an
Sondern waren umgedreht.

Das war nicht etwa ein schlechter
   Spaß
Sondern aus militärischen Gründen.
Und als sie suchten nach Bilgoray
Konnten sie es nicht finden.

Sie standen um ihren Führer.
Der sah in die Schneeluft hinein
Und deutete mit der kleinen Hand
Und sagte: Es muß dort sein.

Einmal, nachts, sahen sie ein Feuer
Da gingen sie nicht hin.
Einmal rollten drei Tanks vorbei
Da waren Menschen drin.

Einmal kamen sie an eine Stadt
Da machten sie einen Bogen.
Bis sie daran vorüber waren
Sind sie nur nachts weitergezogen.

Wo einst das südöstliche Polen war
Bei starkem Schneewehn
Hat man die fünfundfünfzig
Zuletzt gesehn.

Zum Kinderkreuzzug

1939 überfielen deutsche Armeen zu Land, zu Wasser und in der Luft das viel kleinere und schlecht gerüstete Polen. In wenigen Wochen war das Land zerstört und erobert. Unter denen, die am meisten litten, waren die Kinder, die Eltern und Geschwister verloren hatten. Eine Gruppe solcher Kinder soll sich damals zusammengefunden haben, um gemeinsam den Weg in ein Land zu suchen, in dem Frieden herrscht. Sie kannten den Weg nicht und hätten ihn auch kaum finden können, denn in Kürze war ganz Europa von Krieg überzogen

Inmitten der schrecklichen Not der mörderischen Schlachten bildet sich in der Gruppe von Kindern etwas, was die Erwachsenen Solidarität nennen. Die gegenseitige Hilfsbereitschaft, das Zusammenstehen in der Not, das weder auf Herkunft, Hautfarbe, Religionszugehörigkeit noch politische Meinungen der Eltern achtet. Ein tapferer jüdischer Junge und ein sich schämender Sohn eines Nazidiplomaten, Katholiken und Kommunisten, Deutsche und Polen finden sich in ihrer Angst vor dem Krieg zusammen. Zur Gefahr des Krieges, der sie zu entfliehen suchen, kommt die Not der winterlichen Kälte und schließlich der Hunger, an dem sie zugrunde gehen.

Nachdem der Dichter ein wenig diesen seltsamen Zug der Kinder in Polen beschrieben hat, einen Zug, der gar kein Kreuzzug im üblichen Sinne war, sondern ein Zug der Gekreuzigten, der Verletzten und Verschreckten, die niemanden besiegen, sondern nur der Kriegsgefahr entkommen wollten; nachdem der Dichter also berichtet hat, was er gerüchtweise wußte, stellt er sich »in den Wolken oben« die Millionen Kinder in aller Welt vor, die ähnliche Schicksale haben: Kinder aus Spanien, Frankreich, Japan, China. Denn überall ist Krieg, und niemand hat die Kinder gefragt, die vielleicht zu Anfang froh waren, weil manchmal die Schule ausfiel, die aber bald spürten, daß der Krieg über alle nur Not und Verderben bringt.

Im Krieg leiden nicht nur die Kinder, aber sie ganz besonders und ganz besonders unschuldig. Den Kindern des Kinderkreuzzugs stand kein Mensch mehr bei, nur ein armer, struppiger Hund, der verhungern mußte wie die fünfundfünfzig Kinder, die vergeblich auf Hilfe hofften.

Iring Fetscher

Wenn ich die Augen schließe
Seh ich sie wandern
Von einem zerschossenen
  Bauerngehöft
Zu einem zerschossenen andern.

Über ihnen, in den Wolken oben
Seh ich andre Züge, neue, große!
Mühsam wandernd gegen kalte Winde
Heimatlose, Richtungslose

Suchend nach dem Land mit Frieden
Ohne Donner, ohne Feuer
Nicht wie das, aus dem sie kamen
Und der Zug wird ungeheuer.

Und er scheint mir durch den Dämmer
Bald schon gar nicht mehr derselbe:
Andere Gesichtlein seh ich
Spanische, französische, gelbe!

In Polen, in jenem Januar
Wurde ein Hund gefangen
Der hatte um seinen mageren Hals
Eine Tafel aus Pappe hangen.

Darauf stand: Bitte um Hilfe!
Wir wissen den Weg nicht mehr.
Wir sind fünfundfünfzig
Der Hund führt euch her.

Wenn ihr nicht kommen könnt
Jagt ihn weg.
Schießt nicht auf ihn
Nur er weiß den Fleck.

Die Schrift war eine Kinderhand.
Bauern haben sie gelesen.
Seitdem sind eineinhalb Jahre um.
Der Hund ist verhungert gewesen.

Jellymountain

Rupert Schützbach
Ernstfall

Spielende Kinder,
die Töten spielten,
wurden von einer
Granate getötet –
ganz so als wäre
Töten ein Kinderspiel.

Erich Fried
Befreiung von den großen Vorbildern

Kein Geringerer
als Leonardo da Vinci
lehrt uns
»Wer immer nur Autoritäten zitiert
macht zwar von seinem Gedächnis Gebrauch
doch nicht
von seinem Verstand«

Prägt euch das endlich ein:
Mit Leonardo
los von den Autoritäten!

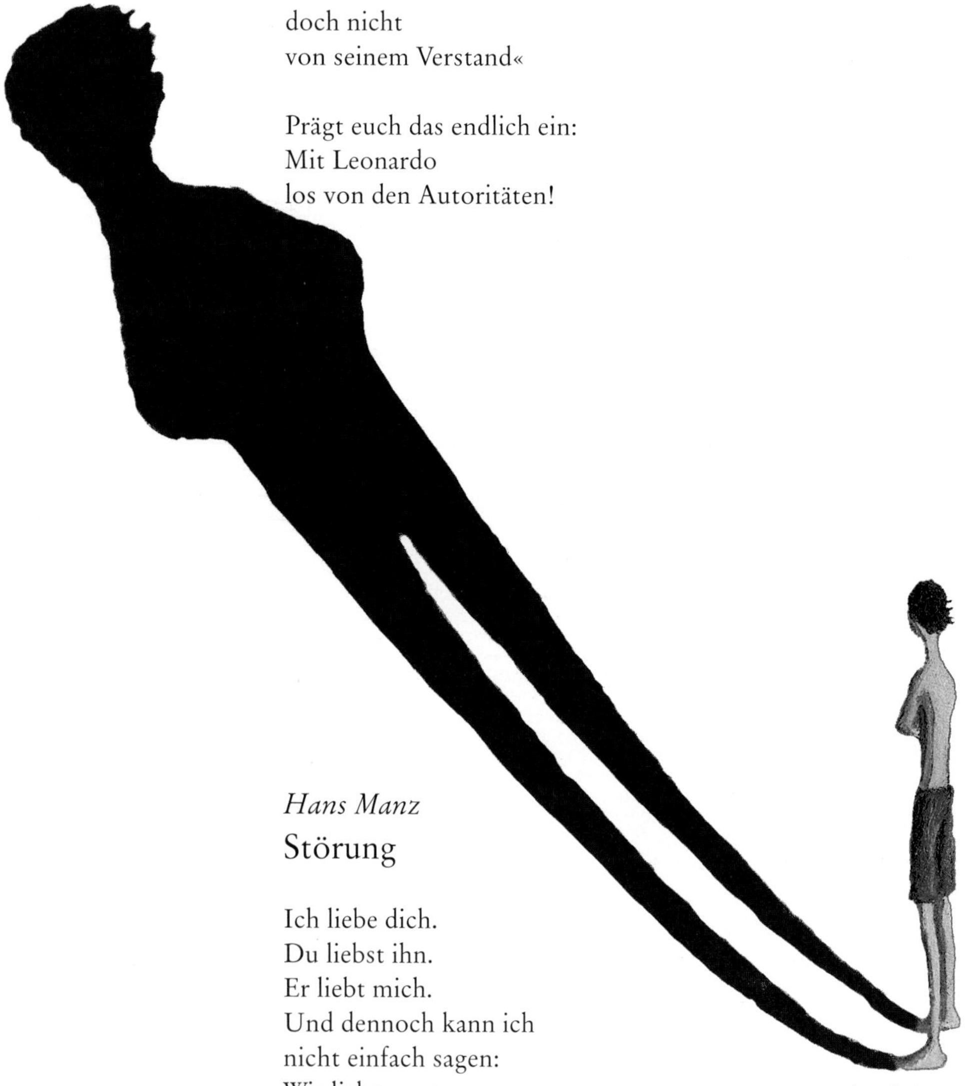

Hans Manz
Störung

Ich liebe dich.
Du liebst ihn.
Er liebt mich.
Und dennoch kann ich
nicht einfach sagen:
Wir lieben uns.

Jutta Bücker

Hans Manz
Ich

Ich: Träumerisch, träge,
schlafmützig, faul.

Und **ich:** Ruhelos, neugierig,
hellwach, betriebsam.

Und **ich:** Kleingläubig, feige,
zweiflerisch, hasenherzig.

Und **ich:** Unverblümt, frech,
tapfer, gar mutig.

Und **ich:** Mitfühlend, zärtlich,
hilfsbereit, beschützend.

Und **ich:** Launisch, gleichgültig,
einsilbig, eigenbrötlerisch. –

Erst wir alle zusammen sind **ich.**

Ernst Jandl
florians eltern
für renate und walter höllerer

schöner schöner florian
horchen wir ihm ohren an
küssen wir ihm einen mund
blicken wir ihm augen rund
rudern wir ihm arme dran
tanzen wir ihm beine ran
lieben wir ihm einen mann
schöner schöner florian

Rose Ausländer
Mensch aus Versehen
Für Norma Gong

Ich war einmal ein Hund
der himmlische Hundehüter
warf mich in die Menschenwelt
statt ins Hundreich

wo ich zu Hause wäre
unter meinesgleichen
nicht Not litte an Wärme
nicht tippen müßte tagein tagaus
geruchloses Zeug
nicht lächeln müßte
wenn ich winseln möchte

Wenn ein Hund mich beschnuppert
spürt er
spüre ich
daß wir Landsleute sind
Verwandte
Er begrüßt mich zuvorkommend mit
graziösem Schwung seines Schwanzes
wird zutraulich zärtlich gerührt und
legt mir seine Seele zu Füßen

Wir wissen
daß wir einer uralten friedfertigen
weitwitternden Rasse angehören

Skizze Dorothea Göbel

Wolfgang Mennel
Schluss mit den Befehlen!

Horch! sagt der Storch.
Renne! sagt die Henne.
Schlaf! sagt das Schaf.
Geh! sagt das Reh.

»Ja, aber –«
Gib Ruh! muht die Kuh.

Nimm Platz! sagt der Spatz.
Geh weg! sagt der Schneck.
Komm her! sagt der Bär.
Los raus! sagt die Maus.

»Ja, aber darf ich denn nicht –«
Nix da! kräht der Ara.

Hör mal! sagt der Wal.
Tu nicht so! sagt der Floh.
Sei still! sagt der Mandrill.
Psst leise! sagt die Meise.

»Schluss! Aus! Ich will endlich mal
tun und lassen,
was ich will!« sage ich.

Sich mal an! sagt der Hahn.
Okee! sagt das Reh.
Na klar! sagt der Star.
Verzeih! sagt der Hai.

Verena Ballhaus

Josef Guggenmos
Ich geh durch das Dorf

Ich geh durch das Dorf.
Jeder Ort
ist Mitte der Welt.
Da, dort.

Hier.
Behutsam wandert
ein Kätzlein,
bleibt stehn,
schaut mich an,
legt sich auf die Seite,
zeigt mir,
wo es gekrault sein will.

Du. Du.
Du kleinwinzige
Mitte
der Welt.

Nora Clormann-Lietz
Regenwurm

Es fürchtet sich der Regenwurm
vor jedem Regen oder Sturm.
Vom Erdreich
kommt er hochgekrochen,
wenn leis
die Tropfen darauf pochen.
Drum klopft die Amsel
mit den Beinen –
und hofft auf Regenwurm-
erscheinen.

Gerda Anger-Schmidt
Drei gefährliche Piraten

Drei gefährliche Piraten
traten auf als Akrobaten
– seidnes Wams und Pluderhosen,
tätowiert mit blauen Rosen –,

zeigten ihre Flammenkünste,
schluckten ganze Feuersbrünste,
gurgelten mit Spiritus,
warfen eine Muskatnuß

einem Stein gleich in die Luft,
nieder schwebte Blütenduft
und ein goldengelber Falter
mit Frack, Zylinder und
    Sockenhalter.

Sie zogen aus ihren Taschen
etwas später drei bauchige Flaschen.
Die erste hielt Wasser vom Ozean,
die zweite einen wilden Orkan,

die dritte einen schwimmenden Schrank
mit einer alten Ofenbank
und einer schlafenden Katze
mit einem Fisch in der Tatze.

Es kroch aus der Flasche der Orkan
und stürzte sich wild auf den Ozean.
Er peitschte ihn, wie es die Regel.
Da krümmt ein Pirat sich zum Segel,

der zweite plustert sich auf zum Schiff,
der dritte wird zum Korallenriff.
Dann winken und lachen sie zu uns her
und segeln hinaus aufs hohe Meer.

Zur Erinnerung an die Piraten
und ihre Wundertaten
bleibt uns der Schrank,
die Ofenbank
und jene schlafende Katze
mit ihrem Fisch in der Tatze.

Ahoi!

Axel Scheffler

Peter Jepsen
Dieses kleine Gedicht

kann dir
den Kopf verdrehen:
ich
ɥɔıp ǝqǝıl

Nora Clormann-Lietz

Ein Adamsapfel wächst nicht im Garten

Ein Adamsapfel wächst nicht im Garten.
Eine Bootsfahrt im Kirchenschiff ist nicht zu erwarten.
Violinschlüssel öffnen keine Tür und kein Tor.
Im Schrank eine Windhose kommt selten vor.
Noch nie sah ich Konzertflügel Federn lassen.
Ob Tannennadeln zum Nähzeug passen?
Geht Nudelessen mit Astgabeln schneller?
Gehören Schuhlöffel neben den Teller?
Wer sah Frisöre zum Hahnenkamm greifen?
Wer hörte schon Pfiffe aus Tabakspfeifen?
Seit wann sticht der Feldstecher Löcher ins Feld.
Im Zimmer auf der Eckbank liegt leider kein Geld.
Der Schachzug geht ohne Lok und Wagen.
Was soll man zu Büroklammern im Wäschekorb sagen?
Am Fahrrad die Bremse ist kein Insekt.
Wer hat mal im Spiegel ein Ei entdeckt?
Blätter im Blätterteig finde ich keine,
da sitz ich im Weinberg und weine und weine.
Die Kätzchen vom Haselstrauch fangen keine Maus,
und wenn dir nichts mehr einfällt,
ist diese Geschichte aus.

Juli A. Wittkamp

Karl Valentin

Expressionistischer Gesang

Wie die Maler heute malen
Wie der Dichter heute dicht
So will ich jetzt humoristeln
Ob es gut ist oder nicht

Kanapee glüht Meeresfreiheit
Lippen blau aus Abendrot
Stille Nacht in Marmelade
Edle Kunst, behüt dich Gott.

A – b – c – d – e – f – g – h
i – k – l – m – n – o – p –
q – r – s – t – u – v – w – x
Ypsilon – z – f – f – f (drei Pfiffe)

La la la la la la la la
La la la la la la li
Li li li li li li li li
Li li li li li li la.

(...)

Verena Ballhaus

Gerald Jatzek

Wutsprüche

Krokodil und Krokodil,
erstens brüll ich, wann ich will!
Krokodil und Krokodiller,
zweitens brülle ich immer schriller!
Krokodiller, Riesenzahn,
drittens fange ich erst an!
Riesenzahn und Krokodil,
nachher bin ich
wieder still.

Skizzen, Vorschläge, Farbproben, Ausprobieren ...   Simone Klages

Martin Auer

Rätselhafte Kinderlieder

Kinderlieder sind voller Rätsel. Zum Beispiel gibt es da ein geheimnisvolles Tier, den Herwol. Kennt ihr den Herwol? Ich auch nicht. Aber er kommt in dem Lied von Hänsel und Gretel vor:

*»... sie kamen an ein Häuschen
von Pfefferkuchen fein.
Wer mag der Herwol
von diesem Häuschen sein?«*

Ja, das frag' ich mich auch! Ein anderes Rätsel, das mich immer geplagt hat, ist der Safran. Der aus dem berühmten Kuchenrezept:

*... Eier und Schmalz,
Butter und Salz,
Milch und Mehl,
Safran macht den Kuchen gel.*

*Diesem geheimnisvollen Herrn, der den Kuchen gel macht, ist das folgende Lied gewidmet.
(Was »gel« sein soll, weiß ich freilich auch nicht.)*

Das Geheimnis des Safrans

Backe, backe Kuchen,
der Bäcker hat gerufen:
Wer will guten Kuchen machen,
der muß haben...
... etwas mehr als sieben Sachen:
Sechseinhalb Eier und drei Eßlöffel Schmalz,
dreißig Deka Zucker, eine Messerspitze Salz,
dazu ein Viertelliter Milch und beinah fünfzig Deka Mehl
und ein winzigwinzig kleines Röhrchen Mandelöl,
etwas Schale von Zitronen, etwas Saft von Melonen,
kandierten Kürbis, aber nur, wenn er mürb ist.
Für den Überguß etwas Schokolade
und Marmelade, sonst schmeckt es fade.
Zwanzig Deka Butter, einen Löffel Margarine,
drei Haferflocken und eine Rosine.
Erdnüsse, Haselnüsse, Walnüsse, Kokosnüsse,
zum Garnieren noch Melisse, zum Verzieren Schokoküsse,
türkischen Honig und Marzipan,
dazu Oliven und Lebertran,
Parmesan, Majoran
Pavian, Pelikan,
Cellophan, Aeroplan,
Baldrian, Enzian,
Eisenbahn, Wackelzahn,
Rodelbahn, Blödian!
Grobian, Goldfasan,
Kormoran, Ozean, Saffian und Safran!
Safran?

Axel Scheffler

O nein, nicht schon wieder dieser Safran,
der bringt mich noch um meinen Schlaf, Mann.
Das Leben ist grau und die Welt ist trist,
solang ich nicht weiß, was Safran ist.
Wächst er auf Bäumen, wächst er auf Sträuchern?
Muß man ihn dünsten? Kann man ihn räuchern?
Muß man ihn aus der Erde graben?
Muß man ihn mahlen? Soll man ihn schaben?
Wird er gebrannt oder destilliert
oder synthetisiert oder homogenisiert

oder emulgiert oder extrahiert
oder abgeschmiert oder angerührt?
Ist es ein Tier oder ist es eine Pflanze?
Groß wie ein Baum oder klein wie eine Wanze?
Das muß doch jemand wissen! Bitte, wer kann mir das sagen?
Der ganze blöde Safran, Mensch, der liegt mir schwer im Magen!

Backe, backe Kuchen,
der Bäcker hat gerufen:
»Wer will guten Kuchen machen,
der muß haben sieben Sachen:
Eier und Schmalz, Zucker und Salz,
Milch und Mehl …«

Nein, sag es nicht, sonst explodier ich auf der Stell'!
Bitte, ich weiß ganz genau: Eier, die gibt uns das Huhn.
Und das Schmalz, das hat, soviel ich weiß, mit Schweinen was zu tun.
Das Mehl, das kommt vom Korn, und das Korn, das kommt vom Acker.
Die Milch kommt aus dem Kühlschrank, denn im Kühlschrank steht das Packerl.
Den Zucker gibt die Rübe und das Salz kommt aus dem Meer,
aber bitte, aber bitte: wo kommt der Safran her?
Woher kommt der Safran, ich muß das endlich wissen.
Solang ich das nicht weiß, fühl ich mich so bescheuert.
Seit Generationen lehrt man Millionen
von Kindern dieses Liedchen, ohne sie zu schonen.
Aber keiner will uns sagen, keiner will erklären:
Woher kommt der Safran, wie tut er sich vermehren?
Zeigt ihn uns endlich, bringt uns diesen Safran!
Bringt uns einen Kübel, bringt ein ganzes Schaff ran!
Oder sollte es ihn vielleicht gar nicht geben?
Liegen wir mit dem Verdacht vielleicht gar nicht so daneben?
Vielleicht sind das nur Sagen, vielleicht sind es nur Märchen
wie die von den Osterhasen, wie die von den Störchen,
vielleicht will mal jemand zugeben, wenn's beliebt,
daß es diesen Safran überhaupt nicht gibt!
Überhaupt nicht gibt, überhaupt nicht gibt
überhaupt nicht, überhaupt nicht, überhaupt nicht gibt!

Josef Guggenmos
Ein Apfel fällt

Ein Apfel fällt, prall ist er, rot,
pocht auf den Boden, wo
ein Regenwurm im Erdreich kriecht.
Der Wurm stockt und denkt: »Oh!«

Er denkt nicht oft, er denkt nicht viel –
»Oh!« ist für heut genug.
Was denken wir den ganzen Tag?
Das gäb ein dickes Buch!

Ja, besuche mich!
Drei junge Pappeln stehen vor dem Haus –
von außen sieht's verfallen aus,
doch drinnen hab' ich's recht bequem.

Vom Bahnhof geh' geradeaus,
dann siehst Du schon die Pappeln steh'n ...
Ich freu' mich auf das Wiederseh'n !

Erwin Moser

Wolfgang Mennel
Besuch bei dir

1, 2, 3, 4, Pinguin
du wohnst dort
ich geh hin.

5, 6, 7, Apfelsaft
so, das wäre
jetzt geschafft.

8, 9, 10, Karottenschleim
keiner da –
muss wieder heim.

11, 12, 13, Nasentropfen
oder soll ich
dreimal klopfen?

1, 2, 3, Tatüütataaa
du machst auf!
Und ich bin da!

Robert Gernhardt
Liebesgedicht

Kröten sitzen gern vor Mauern,
wo sie auf die Falter lauern.

Falter sitzen gern an Wänden,
wo sie dann in Kröten enden.

So du, so ich, so wir.
Nur – wer ist welches Tier?

»Gibt es bei den Gurken nicht auch üble Schurken?«
Starke Sprüche & freche Fragen
Gesammelt & bebildert von Kornelia Schrewe

*Sitzt ein Schaf oder steht es
im Schlaf?*

*Sollte man im Königskuchen einen
König suchen?*

*Tiger haben schwarze Streifen,
Autos meistens schwarze Reifen.*

Ist ein dicker Hund eigentlich gesund?

*Kann ein Nashornmagen Erdbeereis
vertragen?*

*Hat ein Bär nicht immer Sehnsucht
nach dem Meer?*

*Gibt es bei den Gurken nicht auch
üble Schurken?*

*Mögen Rinder wohl
Ferkelkinder?*

*Warum hat der Elefant denn
nur eine Rüsselhand?*

*Kann ein Huhn denn was
Böses tun?*

*Passen Mäuse
in Schneckengehäuse?*

*Es gibt keine rosa Hasen,
aber weiße mit rosa Nasen!*

*Frißt das Krokodil wirklich
immer viel?*

*Tragen Kartoffeln im Keller
Pantoffeln?*

*Kann man auf Pizzen wohl
gemütlich sitzen?*

Hanne F. Juritz

Wenn ich mein Bett nicht hätt

wenn ich mein bett
nicht hätt
wie freute ich mich drauf
wie freute ich mich
auf mein bett
wenn ich's nicht hätt
wenn ich mein bett
nicht hätt
dann könnt ich nicht
mein büchlein unters
kissen tun
die katze könnt nicht
auf mir ruhn
ich könnt nicht in die
federn heulen
könnt nicht die
matratze beulen
nicht in den zipfel
beißen weil ich müde bin
nicht mit dem deckbett
schmeißen
weil ich fröhlich bin
könnt nicht den vater
bitten mich ins bett
zu tragen
könnt nicht die mutter
rufen mir gutnacht
zu sagen
mit einer geschichte
zum schlafen
und zigtausend
springenden schafen
wenn ich mein bett
nicht hätt
wie freute ich mich drauf
wie freute ich mich
auf mein bett
wenn ich's nicht hätt

Paul Maar

Wenn Molche …

Wenn
Molche solche
Sachen machen,
haben Raben
was zu lachen.

Zeichnungen von Paul Maar

Richard Bletschacher

Der dumme August

den dummen August zu beschreiben
das lasse ich wohlweislich bleiben

es ist die Dummheit eine Gabe
vor der ich höchste Achtung habe

wer sagt er wird durch Schaden klug
ist eben noch nicht dumm genug

und wahre Fröhlichkeit auf Erden
will nicht durch Schaden klüger werden

die Klugheit schmeckt oft recht verderblich
nur wahre Dummheit ist unsterblich

wenn uns die Klugen Sorgen machen
dann bringt der August uns zum Lachen

drum ist er uns mit seinen Faxen
so nahe an das Herz gewachsen

Bilder Verena Ballhaus

Hans Manz

Betthupferl

Die Mutter erzählte
dem Kind im Bett:
»Es war einmal eine Maus,
die riss eines Tages einfach aus …«
Das Kind unterbrach sie erschrocken:
»Hoffentlich nicht unsere,
wie surfe ich sonst durchs Internet!«

Hanna Johansen

Das Sonntagshuhn

Meine Großmutter hatte Hühner,
sie liefen treppab und treppauf,
und Großvater als ihr Diener
schloss morgens die Türen auf.

Nachts schliefen sie auf den Stangen,
dann schloss er sie wieder ein.
Nicht die Hühner waren gefangen –
der Fuchs konnte nicht herein.

Hühner, wenn sie nur wollen,
verstehen jedes Wort,
das sie nicht verstehen sollen,
sofort.

Weiß sind sie und gurren leise.
Eins von ihnen ist braun.
Es hat seine eigene Weise,
gedankenvoll zu schauen.

Eines Abends, als die andern schliefen,
winkte es mich herbei
und fragte mit seinem tiefen
Blick, was ein Sonntag sei.

Christine Brand

Ernst Jandl
eulen

bist eulen
ja
bin eulen
ja ja
sehr eulen

bist auch eulen
ja
bin auch eulen
sehr eulen
 ja ja

will aber nicht mehr eulen sein
bin schon zu lang eulen gewesen

will auch nicht mehr eulen sein
bin auch schon zu lang eulen gewesen

ja
mit dir da
mit dir da auch
bin nicht mehr eulen ja
bin nicht mehr eulen auch
ja ja
ja ja auch

doch wer einmal eulen war
der wird eulen bleiben immer
ja

ja ja

Lino Fastnacht

Erwin Grosche
Übermütige Sätze

Die Tür war nicht nur geschlossen
sie ging auch nicht auf

Es war nicht nur am regnen
man wurde auch nass

Das Auto war nicht nur kaputt
es sprang auch nicht an

Ich hatte nicht nur Hunger
ich bekam auch nichts zu essen

Ich war nicht nur am weinen
ich hatte auch Angst

Ich war nicht nur allein
es sprach auch niemand mit mir

Die Geschichte war nicht nur zu Ende
sie hörte auch auf

Axel Scheffler

Brigitte Schär

Was, wenn?

Wenn ich einmal nicht mehr
in dieser Stadt wohne,
wo wird es dann sein?
In was für Wohnungen
von was für Leuten
werde ich dann wohl
von meinem Fenster aus sehen?
Was für Menschen werden mich
auf der Straße begrüßen
und mich fragen,
wie es mir geht?

Wenn ich einmal nicht mehr
zur Schule gehe,
wohin gehe ich dann jeden Tag?
Werde ich eine Arbeit haben,
die ich gerne tue oder
fürchte ich mich vor jedem Tag?

Wenn ich meine Eltern einmal
nicht mehr so brauche wie jetzt,
weil auch ich erwachsen geworden bin,
was brauche ich dann?

Wenn einmal alles nicht mehr
so ist, wie es jetzt ist,
wer bin ich dann?

Axel Scheffler

Gerhard Schöne
Irgendwann

Irgendwann siehst du zum letzten Mal Schnee.
Irgendwann trinkst du den letzten Kaffee,
streichelst den Hund, tanzt durch den Saal,
alles, alles gibt's ein letztes Mal.

Irgendwann schmeckst du zum letzten Mal Brot,
schwimmst du im See und betrachtest ein Boot,
winkst einem Kind, gehst durch ein Tal,
alles, alles gibt's ein letztes Mal.

Irgendwann hörst du die letzte Musik,
wirst du umarmt und erhaschst einen Blick,
liest einen Brief, schreibst eine Zahl,
alles, alles gibt's ein letztes Mal.

Irgendwann heißt, es kann morgen geschehn
und daß wir uns heut das letzte Mal sehn.
Drum, was du erlebst, erleb es total,
denn alles, alles gibt's ein letztes Mal.
Alles, alles gibt's ein letztes Mal.

Josef Guggenmos
Erstes Schneeglöckchen

Verlassen steht im Januar
das Weißhäuptlein, das kleine.
Einsam an der Südwand blüht
das Schneeglöckchen, das meine.

Kein Bienchen ist bei ihm, nicht eines
wagt sich zum Loch heraus.
Nur ich besuch das Frühlingskind,
das mutige, vor meinem Haus.

Wolfgang Rudelius

Erich Fried
Angst und Zweifel

Zweifle nicht
an dem
der dir sagt
er hat Angst

aber hab Angst
vor dem
der dir sagt
er kennt keinen Zweifel

Hans Georg Lenzen
Gulliver

Einmal
fand ich in Vaters Schublade
ein Vergrößerungsglas
lief hinaus
legte mich längelang
damit ins Gras
stand auf erst nach Stunden
den Kopf voll von
Dschungeln Drachen
Kletterkünstlern
Rittern und Lastträgern
kam wie aus einer
anderen Welt

Jakob bekam
von seinem Onkel
ein altes Fernglas
zeigte mir auch
wie man's scharfstellt
wir schoben das
Dachfenster hoch
beobachteten aus der Ferne
die stummen Komiker
auf der Straße
die Vogelschwärme
über dem Rapsfeld
den kreisenden Bussard
und am Abendhimmel
die unermesslichen
Lichtpunkte

Danach sah man
auch ohne Glas
alles ganz neu

Christa Reinig

Flaschenpost

Wer soff mich leer, wer stopft mich voll Papier
wer siegelte mich im Quartier
wer schmiß mich über die Brandungsgischt
ich flieg davon, ich weiß es nicht

Und ob es ruht, gefischt in eine Hand
ob er verschlickt und sackt in Sand
zerklirrt auf Stein, im Sturm verzischt
es rollt mich fort, ich weiß es nicht

Was lauert drin, geduckt und pechverkliert
was fiebert, der einst buchstabiert
was brannte den, der jetzt verdorrt
ich weiß es nicht, es trägt mich fort

Christian Morgenstern

Das Auge der Maus

Das rote Auge einer Maus
lugt aus dem Loch heraus.

Es funkelt durch die Dämmerung …
Das Herz gerät in Hämmerung.

»Das Herz von wem?« Das Herz von mir!
Ich sitze nämlich vor dem Tier.

O Seele, denk an diese Maus!
Alle Dinge sind voll Graus.

Werner Dürrson
Sonne 2000

Alle Tage weckt sie
mit ihren Strahlen die Erde.

Jedem Käfer im Gras
allen Blättern am Strauch
bringt sie Wärme und Licht.

Am schwülen Sommertag
hitzegeladen
zünden die Wolken den Blitz.

Winters entfernt sie sich weit –
aber ihr Feuer schlummert
im Scheit, im schwarzen Gestein.

Bliebe sie aus
bald zögen Kälte und
tödliche Nacht ins Haus.

Martin Auer
»Noch«

Noch eine Autobahn,
noch eine Forststraße,
noch ein Flughafen,
noch ein Bergwerk,
noch ein Kraftwerk,
noch *ein* Baum.

Günter Eich
Ungewohntes Wort

Eines Tages der
Fischgerechtigkeit
unterworfen:
Der Spruch der Forellen
mag hingehen.
Wie werden aber
die Aale urteilen
und die Haifische?

Nora Clormann-Lietz

ATM
OSPH
AERE
wir werden genau hinsehen müssen

Christoph Meckel
Worte des Jonas

Es läßt sich leben im Wal, ich hab es erfahren.
Einst verfinsterte Meertage lebt ich im Wal, und ich sag euch:
es läßt sich leben im Wal. Nach ein paar Monden
vernahm ich das Donnern der Wasser nicht mehr, die draußen
um Walhaut rollten, und der Gestank
ward Duft den Nüstern, die mir im Walbauch wuchsen.

Walther Petri
Umwelt

das Wort ist falsch
das Wort ist dumm
als ginge die Welt
um uns herum

wir sind jedoch
ein Teil der Welt
was wir auch tun
es fällt
auf uns zurück

es fällt auf Ozeane
auf den Schnee
auf Tiere
Pflanzen
nah und fern

was wir auch tun
trifft unsern Stern

Frieder Stöckle
Bäume

Bäume
Baumkronen
Blätterdach
Rindestreicheln
Astwiegen
Zweigversteck
Stammgebirge
Holzhöhe
Gipfelblick
Gabelsitz
Nestgehege
Grünhorizont
Waldwebe
Holzdom
Sonnenfänger
Windorchester
Frischluftspender
Lebensbaum
Bäume

Julia Kaergel

Unser Dorfältester trug eine unnütze und lästige goldene Armbanduhr - er glaubte nicht, dass man die Zeit in einer kleinen Metallbüchse einfangen könne (»Die Zeit der Weissen«)-,die er von der Verwaltung erhalten hatte und die er geringschätzte, verachtete als blossen Schmuck, der ihm das Handgelenk einschnürte. Er fuhr fort, die Zeit an der Sonne abzulesen nach der Art unserer Vorfahren, den Hals gegen die linke Schulter gebeugt, mit zusammengekniffenem Auge, schelmisch, wie wenn er durch ein Schlüsselloch schauen würde, er wiederholte jedem, der es hören wollte, dass nur der Himmel, das Meer und der Wald gross genug seien, um seine Zeit zu enthalten.

Ferdinand Oyono, Kamerun

Günter Eich
Wo ich wohne

Als ich das Fenster öffnete,
schwammen Fische ins Zimmer,
Heringe. Es schien
eben ein Schwarm vorüberzuziehen.
Auch zwischen den Birnbäumen spielten sie.
Die meisten aber
hielten sich noch im Wald,
über den Schonungen und den Kiesgruben.

Sie sind lästig. Lästiger aber sind noch
die Matrosen
(auch höhere Ränge, Steuerleute, Kapitäne),
die vielfach ans offene Fenster kommen
und um Feuer bitten für ihren schlechten Tabak.

Ich will ausziehen.

Christine Busta
Kleine Laudatio für einen Kiesel
Für Jeannie Ebner

Der Kiesel ist Bote vom Gebirge,
lang war er unterwegs.
Seine Glätte ist Form aus vieler Bedrängnis,
er paßt noch nicht in die Sanduhr.

Ein Prüfstein der Weltgeschichte ist er,
Sprachgewicht auf der Zunge, entäußert
ganz Gedicht aus Geduld und Härte,
und eine Kinderhand begreift's.

Bertolt Brecht

Legende von der Entstehung des Buches Taoteking auf dem Weg des Laotse in die Emigration

1

Als er Siebzig war und war
  gebrechlich
Drängte es den Lehrer doch nach Ruh
Denn die Güte war im Lande wieder
  einmal schwächlich
Und die Bosheit nahm an Kräften
  wieder einmal zu.
Und er gürtete den Schuh.

2

Und er packte ein, was er so brauchte:
Wenig. Doch es wurde dies und das.
So die Pfeife, die er immer abends
  rauchte
Und das Büchlein, das er immer las.
Weißbrot nach dem Augenmaß.

3

Freute sich des Tals noch einmal und
  vergaß es
Als er ins Gebirg den Weg einschlug.
Und sein Ochse freute sich des
  frischen Grases
Kauend, während er den Alten trug.
Denn dem ging es schnell genug.

4

Doch am vierten Tag im Felsgesteine
Hat ein Zöllner ihm den Weg
  verwehrt:
»Kostbarkeiten zu verzollen?« –
  »Keine.«
Und der Knabe, der den Ochsen
  führte, sprach: »Er hat gelehrt.«
Und so war auch das erklärt.

5

Doch der Mann in einer heitren
  Regung
Fragte noch: »Hat er was
  rausgekriegt?«
Sprach der Knabe: »Daß das weiche
  Wasser in Bewegung
Mit der Zeit den mächtigen Stein
  besiegt.
Du verstehst, das Harte unterliegt.«

6

Daß er nicht das letzte Tageslicht
  verlöre
Trieb der Knabe nun den Ochsen an
Und die drei verschwanden schon um
  eine schwarze Föhre
Da kam plötzlich Fahrt in unsern
  Mann
Und er schrie: »He, du! Halt an!

7

Was ist das mit diesem Wasser, Alter?«
Hielt der Alte: »Intressiert es dich?«
Sprach der Mann: »Ich bin nur
  Zollverwalter
Doch wer wen besiegt, das intressiert
  auch mich.
Wenn du's weißt, dann sprich!

8

Schreib mir's auf! Diktier es diesem
  Kinde!
So was nimmt man doch nicht mit
  sich fort.
Da gibt's doch Papier bei uns und
  Tinte

Und ein Nachtmahl gibt es auch: ich
  wohne dort.
Nun, ist das ein Wort?«

9
Über seine Schulter sah der Alte
Auf den Mann: Flickjoppe. Keine
  Schuh.
Und die Stirne eine einzige Falte.
Ach, kein Sieger trat da auf ihn zu.
Und er murmelte: »Auch du?«

10
Eine höfliche Bitte abzuschlagen
War der Alte, wie es schien, zu alt.
Denn er sagte laut: »Die etwas fragen
Die verdienen Antwort.« Sprach der
  Knabe: »Es wird auch schon kalt.«
»Gut, ein kleiner Aufenthalt.«

11
Und von seinem Ochsen stieg der
  Weise.
Sieben Tage schrieben sie zu zweit.

Und der Zöllner brachte Essen (und
  er fluchte nur noch leise
Mit den Schmugglern in der ganzen
  Zeit).
Und dann war's soweit.

12
Und dem Zöllner händigte der Knabe
Eines Morgens einundachtzig Sprüche
  ein.
Und mit Dank für eine kleine
  Reisegabe
Bogen sie um jene Föhre ins Gestein.
Sagt jetzt: kann man höflicher sein?

13
Aber rühmen wir nicht nur den
  Weisen
Dessen Name auf dem Buche prangt!
Denn man muß dem Weisen seine
  Weisheit erst entreißen.
Darum sei der Zöllner auch bedankt:
Er hat sie ihm abverlangt.

*Lao-Tse
(4. Jahrh. v. Chr.)
Nach einer
chinesischen
Bronzegruppe.*

Henriette Sauvant

Hans Manz
Erwachen

Manchmal bin ich früh morgens
so schreckhaft.
Dann betracht'
ich mich im Spiegel.

An andern Tagen
schau ich mir
minutenlang in die Augen –
diesem Fremdling.

Zuweilen aber
lass ich ihn meine Macht spüren
und teile ihm mit:
»Ohne mich wärst du nichts.«

Günter Saalmann
Der atemlose Spiegel

Ob mein Spiegel immer spiegelt?
Heute überlist ich ihn,
schleiche mäuschenstill ins Zimmer,
springe blitzschnell vor ihn hin.

Hopp!
Beinahe! Eines Tages
werd ich fixer sein, mein Freund!
Bist schon heute außer Puste,
wie mir scheint.

Günter Ullmann
Staune

dass du bist
erlebe die welt
als wunder
jedes blatt hat sein
geheimnis
jeder grashalm bleibt
ein rätsel

verlerne das staunen nicht
wenn man dir eintrichtert
wie normal und
einfach alles ist

Christine Brand

Christine Nöstlinger

Von mir aus

Ich habe zwei kleine Kieselsteine gefunden,
die waren so grau wie deine Augen.

Ich habe meine Hand in ein Wasser gehalten,
das war so weich wie deine Haut.

Mir hat ein Wind ins Gesicht geweht,
der war so warm wie dein Atem.

Ich habe mir ein kleines Feuer angezündet,
das war so rot wie deine Haare.

Ich habe einen glänzenden Käfer gefangen,
der war so schwarz wie deine Seele.

Jetzt brauchst du nicht mehr bleiben,
jetzt kannst du gehn.

Dorothee Sölle

Auf die frage was glück sei

Auf die frage was glück sei
konstruiere ich folgende sätze
wenn du anrufst
werde ich vor glück weinen
wenn du anriefest
würde ich vor glück weinen
wenn du angerufen hättest
hätte ich vor glück geweint
wenn du anrufen hättest wollen
hätte ich weinen können
was gemessen an der alles beherrschenden kälte
ein glück gewesen wäre

Klaus Ensikat

Marie-Luise Huster
Robinson Kruse

Robinson Kruse
wohnt auf Norderney,
trägt eine Matrosenbluse
und steht in der Einwohnermeldekartei.

Er geht in die erste Klasse,
trinkt Cola aus der Tasse,
übt grade das große O mit einem Pinsel
und träumt von einer einsamen Insel.

Josef Guggenmos
Was ist der Löwe von Beruf?

Was ist der Löwe von Beruf?
Löwe ist er, Löwe!
Der Fuchs ist Fuchs, das ist genug.
Möwe ist die Möwe.

Was ist der Mensch? Fabrikarbeiter,
Schüler, Chefarzt, Fahrer.
Was du auch seist – im Hauptberuf
sei Mensch, ein ganzer, wahrer.

Regina Schwarz

Wo man Geschenke verstecken kann

Im Keller hinter Kartoffelkisten,
im Schreibtisch zwischen Computerlisten,
in alten verstaubten Bauerntruhen,
in ausgelatschten Wanderschuhen,
auf Wohnzimmerschränken, in Blumenvasen,
ja, selbst in Bäuchen von flauschigen Hasen,
in Einzelsocken, ohne Loch,
und eine Möglichkeit wäre noch,
das Gesehenk unter die Matratze zu legen.
Das ist nicht so gut der Bequemlichkeit wegen.
Der Toilettenspülkasten eignet sich nicht,
denn welches Geschenk ist schon wasserdicht.
Ob sperrig, ob handlich, ob groß oder klein:
Geschenkeverstecken muß einfach sein.
Das einzig Schwierige daran ist,
daß man das Versteck so leicht vergißt.

Christoph Kuhn

Die Kirchenmaus

Die arme Kirchenmaus
trat aus der Kirche aus.
Sie fand nichts mehr zu essen vor
und schlüpfte durch ein Loch im Tor.
Doch erst warf sie noch einen Blick
ins leere Kirchenschiff zurück,
entdeckte unter einer Bank
zwei alte Kekse. Gott sei Dank!
so dachte sie, der Schmaus ist mein!
Dann trat sie schleunigst wieder ein.

Lutz apportiert Flecke. Jutta Bauer

Streichholzschachtelbild von Philip Waechter

Inge Meyer-Dietrich
Ruckediguh

Mir reicht's,
sprach Aschenputtel,
stieg aus dem grauen Kittel
und schmiß ihn ins Küchenfeuer,
ließ die Linsen Linsen sein,
– die Tauben mühten sich
längst für den Frieden –
warf einen zärtlichen Blick
auf den Haselstrauch
und machte sich
aus dem Staub.
Nur der Königssohn
kann es nicht glauben.
Er sucht noch immer nach ihr
mit einem Schuh in der Hand.

Caroline Ronnefeldt

Gerald Jatzek
Rumpelstilz sucht Freunde

Ach wie dumm, dass niemand weiß,
dass ich Rumpelstilzchen heiß.

Niemand schreibt mir Liebesbriefe,
niemand fragt, ob ich gut schliefe.

Niemand schreibt mir Ansichtskarten,
lädt mich ein in seinen Garten.

Niemand wünscht mir frohe Feste,
niemals kommen zu mir Gäste.

Niemals schrillt das Telefon,
so geht das seit Jahren schon.

Doch so will ich nicht verweilen,
deshalb schreib ich diese Zeilen.

Damit nun ein jeder weiß,
dass ich Rumpelstilzchen heiß.

Josef Wittmann
Hänsel und Gretel

Nichts als die Not gekannt.
Beim Stehlen erwischt.
Eingesperrt.
Ausgebrochen:
den Aufseher umgebracht.

Und aus so was,
meinst du,
soll noch mal was werden?

Nora Clormann-Lietz
Gelingelt

Ein Handschuh für die Faust ist ein Fäustling.
Ein Hering, gebraten, ist ein Brätling.
Ein Stein, riesengroß gefunden, ist ein Findling.
Eine Märchenfigur, daumengroß, ist ein Däumling.
Ein Mensch, beschützt, ist ein Schützling.
Ein Mensch, neu in irgend etwas, ist ein Neuling.
Ein kleines Kind, das noch saugt, ist ein Säugling.
Ein Schüler, im Internat erzogen, ist ein Zögling.
Ein Geschwisterkind, spät nachgekommen, ist ein Nachkömmling.
Ein Mensch, in der Lehre lernend, ist ein Lehrling.
Ein Mensch, sonderlich, ist ein Sonderling.
Ein Mensch, geliebt, ist ein Liebling.
Eine Raupe oder Larve, beengt in der Erde lebend,
ist nicht in jedem Fall ein Engerling.
Ein Mensch, Feigen liebend, ist noch lange kein Feigling.
Ein schönes Insekt, zartflatternd und ganz und gar nicht
schmetternd, heißt nur so zum Trotz: Schmetterling.

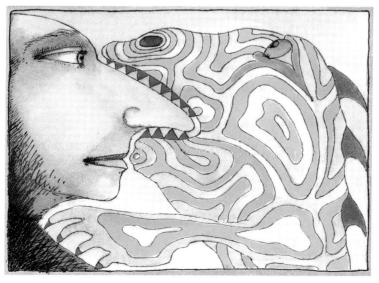

Lino Fastnacht

Christine Busta

Reisenotizen

Für Dely und Franz Hiesel

Die kleinen Glockenblumen am Sölkpaß
haben gelernt, mit Steinen zu leben
unterm eisigen Wind,
unterm Sternschlag.

Rasch sind die Wasser aus den Bergen,
aber steinkundig und genau.
Zwischen den Felsen
prüfen sie schmiegsam
Widerstand und Härte der Welt.

Joachim Ringelnatz

Heimatlose

Ich bin fast
Gestorben vor Schreck:
In dem Haus, wo ich zu Gast
War, im Versteck,
Bewegte sich,
Regte sich
Plötzlich unter einem Brett
In einem Kasten neben dem Klosett,
Ohne Beinchen,
Stumm, fremd und nett
Ein Meerschweinchen.
Sah mich bange an,
Sah mich lange an,
Sann wohl hin und sann her,
Wagte sich
Dann heran
Und fragte mich:
»Wo ist das Meer?«

Peter Maiwald
Regentag

Paul steht am Fenster.
Paul steht und glotzt.
Der Regen regnet.
Der Regen rotzt.

Der Regen nieselt.
Der Regen rinnt.
Der Regen pieselt.
Der Regen spinnt.

Der Regen prasselt.
Der Regen fällt.
Der Regen rasselt.
Der Regen hält.

Paul steht am Fenster.
Paul steht und glotzt.
Der Regen regnet.
Der Regen rotzt.

Hans Manz
Klopfzeichen

Damals,
wenn sie zu ihm ging,
benützte sie nie die Klingel.
Sie klopfte ans Fenster,
klopfte an die Tür,
klopfte im Takt
seines Herzens.

Und jetzt, nach Jahrzenten,
klopft sie noch immer
wenn sie heimkommt,
im Takt ans Fenster
und an die Tür.
Und das wird so bleiben,
so lange sein Herz schlägt
oder das ihre.

Klingeln kann jede.

Klaus Kordon
Warum?

Wenn du mich anrufst,
weiß ich nichts
zu sagen.
Maulfaul gebe ich
Antwort.

Wenn ich den Hörer
aufgelegt hab,
beginne ich
von mir
zu erzählen.

Ach Gott das arme Huhn
das hat wohl nix zu tun...
Es sitzt in einem Boot
Und bald ist es schon
drüben...

Jutta Bauer

Gudrun Pausewang
Werbung

Nimm PERSIL bei Naselaufen!
Katzen würden PAMPER's kaufen.
Mein PAL? *Dein* PAL? – Na, na, na:
PAL ist für uns alle da!

Köstlich: BAC und DENTABELLA,
zubereitet mit SANELLA!
Und bei Arbeit, Sport und Spiel,
was macht da mobil? – Nur PRIL!

Bist verkalkt du, nimm CALGON,
doch vielleicht hilft DUPLO schon.
ATA-Reisen: Schnell! Die Buchung!
KNORR – die zarteste Versuchung …

MEISTER PROPER, Gott sei Dank,
packt dir SCHAUMA in den Tank.
Und DOMESTOS mit Aroma
gibt der Zahnarzt seiner Oma.

Koche nur mit KUKIDENT!
Und wenn's dir im Magen brennt:
AJAX, ESSO, KITEKAT –
Ja, da weiß man, was man hat!

Streichholzschachtelbild von Thomas Müller

Michail Krausnick
Werbespott

ALLES! Kaufen Sie *ALLES!*
ALLES – immer ein Gewinn!
ALLES! Ich hätt gern *Alles!*
Für *ALLES* geb ich alles hin.
ALLES! Kaufen Sie *ALLES!*

Wer *ALLES* kauft, muss sich nicht sorgen,
Wer *ALLES* hat, der muss nichts borgen,
Wer *ALLES* hat, der kann gut lachen:
Mit *ALLES* kann man alles machen!

ALLES! Kaufen Sie *ALLES!*
ALLES – immer ein Gewinn!

ALLES! Ich hätt gern *ALLES!*
Mit dem ich sehr zufrieden bin
Und das ich niemals tauschen würde!
ALLES! Ich bleib bei *ALLES!*

Paul Maar
Gegenwart

Axel Scheffler

Langsam wird es höchste Zeit:
Weg mit der Vergangenheit,
ich werde sie verlassen!
Ich schau nach vorn und nicht retour,
in Zukunft werde ich mich
nur mit *Gegenwart* befassen.

In Zukunft mit der Gegenwart?
Halt, Moment! Ist das gescheit?
In Zukunft ist die Gegenwart
doch wieder nur Vergangenheit.

»Gute Bürger und geklonte Kartoffeln«   Willi Glasauer

Guntram Vesper
An einen Freund

Setz dich.

Schreib auf
dies und das:

alles ist wichtig.

Morgen könnte
die Schrift abgeschafft sein

sie zittert schon.

Matthias Duderstadt
Zeitungsfoto

In einem kleinen Raum
Zwei Menschen:
Ein älterer und
Ein sehr junger.
Der Säugling liegt
An der Brust
Seiner Mutter.

Auf einem Gaskocher
Wird Fleisch gegart.
Die Frau und
Der Säugling sind
In Felle gehüllt.
Die Wände des Raumes
Sind aus Eis.

Streichholzschachtelbilder
von Axel Scheffler
u. Jutta Bauer

Gudrun Pausewang
Die Flamme

Du bist eine Flamme,
ich bin ein Kind.
Merkst du es auch,
wie verschieden wir sind?

Mal bist du dünner,
mal krummer, mal runder.
Ich weiß, du bist Feuer,
bist fast ein Wunder.

Mit einem Streichholz
hab ich dich gemacht,
mit meinem Atem
dich angefacht.

Jetzt bist du bläulich,
dann wieder rot.
Blies' ich dich aus,
dann wärst du tot.

Unruhig bist du
und voller Launen.
Ich könnte dich immer
und immer bestaunen!

Du lebst nur kurz.
Ich leb so lang.
Du flackerst. Stirbst du?
Mir wird so bang …

Dein Licht nimmt ab,
die Dunkelheit zu.
Ein Rauchfaden steigt.
Ach – aus bist du.

Alfons Schweiggert
Zündholz

Zündholz hin,
Zündholz her,
viele Zündholz
kreuz und quer,
Zündholz krumm,
Zündholz grad,
sieben Zündholz
in Parad.

Zündholz groß,
Zündholz klein,
armes Zündholz
ganz allein.

Wolfgang Mennel

Das farbigste Gedicht der Woche

Aschfahl, blond und blau,
fliederfarben, dunkelgrau,
rosa, rostrot und karmin,
dottergelb und aubergine.

Wiesengrün und kobaltblau,
pink, türkis und mäusegrau!
Ocker, rabenschwarz, zinnober,
veilchenblau und zimt und silber?

Umbra, indigo, azur,
indischrot, ja wie denn nur?
Giftgrün, blau, purpur!

Zitronengelb und grün wie Klee,
kirschenrot und weiß wie Schnee,
– und natürlich schwarz.

Britta van Hoorn

Gerhard Schöne

Ganz einfach

Ein Mann fährt zu 'nem Blitzbesuch
zu seinem Vater auf das Dorf.
Der Alte füttert grade Katzen.
Der Mann sagt: »Tag! Ich bleib nicht lang,
hab eigentlich gar keine Zeit.
Ich weiß nicht mehr, wo mir der Kopf steht!

Ich hetz mich ab und schaffe nichts.
Ich bin nur noch ein Nervenwrack.
Woher nimmst du nur deine Ruhe?«
Der Alte kratzt sein linkes Ohr
und sagt: »Mein Lieber, hör gut hin,
ich mach es so, es ist ganz einfach:

Wenn ich schlafe, schlafe ich.
Wenn ich aufsteh, steh ich auf.
Wenn ich gehe, gehe ich.
Wenn ich esse, eß ich.

Wenn ich schaffe, schaffe ich.
Wenn ich plane, plane ich.
Wenn ich spreche, spreche ich.
Wenn ich höre, hör ich.«

Der Mann sagt: »Was soll dieser Quatsch?
Das alles mache ich doch auch,
und trotzdem find ich keine Ruhe.«
Der Alte kratzt sein linkes Ohr
und sagt: »Mein Lieber, hör gut hin,
du machst es alles etwas anders:

Wenn du schläfst, stehst du schon auf.
Wenn du aufstehst, gehst du schon.
Wenn du gehst, dann ißt du schon.
Wenn du ißt, dann schaffst du.

Wenn du schaffst, dann planst du schon.
Wenn du planst, dann sprichst du schon.

Wenn du sprichst, dann hörst du schon.
Wenn du hörst, dann schläfst du.

Wenn ich schlafe, schlafe ich.
Wenn ich aufsteh, steh ich auf.
Wenn ich gehe, gehe ich.
Wenn ich esse, eß ich.

Wenn ich schaffe, schaffe ich.
Wenn ich plane, plane ich.
Wenn ich spreche, spreche ich.
Wenn ich höre, hör ich.«

Simone Klages

Rainer Hohmann
Großmutter

Als ihre Haut
kühl und weich
ihre Gedanken pfiffig
ihr Geist hellwach
ihre Freude ungebrochen
und ihre Liebe zu mir
unendlich war
feierte sie ihren
einundneunzigsten Geburtstag
Sechs Wochen später starb sie –
und hinterließ mir
ein Stopfei
und einen hölzernen Quirl
den hatte Großvater
siebzig Jahre zuvor
aus einem Fichtenstämmchen
geschnitzt
Beides halte ich täglich
in meinen Händen

Günter Grass

Zuspruch für Anna

Hab keine Angst.
Solange es regnet,
wird niemand bemerken,
daß deine Puppen weinen.

Fürchte dich nicht.
Ich habe den Revolver entmündigt,
alles Blei gehört uns,
wir könnten die Uhr damit füllen.

Hab keine Angst.
Ich werde die Geräusche fangen,
in kleine Schachteln sperren
und zur Post bringen.

Fürchte dich nicht.
Unsere Namen hab ich verkleidet.
Niemand soll wissen, wie wir uns nennen,
wenn wir uns rufen.

Axel Scheffler

Norbert C. Kaser

was du nicht tun sollst

laß keine fliege in
    der milch baden
laß keinen fuchs bei
    hennen übernachten
laß keinen wolf das
    rotkäppchen fressen
laß keine maus über
    den speck spazieren

Ralf Rothmann
Betrachtung des Apfels

Er sieht uns an
als wären wir vom Baum gefallen.

Schweigend
sagt er alles.

Er benötigt keine Ohren
er schmeckt wie Musik.

Kaum auszudenken
wie weise er ist.

Blätternd im Wind
lesend die bittere Schrift des Regens
lüftet er das Geheimnis des Lebens

und behält es für sich.

Er ist ein Dickkopf.
Ob der Hagel ihn prügelt
ob das Obstmesser blitzt

im Kern seines Herzens bewahrt er den Traum
einer blühenden Zukunft
eines Glücks
ohne Wurm.

Der Hausrotschwanz
liebt eine Made
die mag das nicht –
wie schade
Detlef Kersten

Klara ärgert einen Tiger.

Doch nur 1x —

dann nie wieder!

Kornelia Schrewe

Mustafa Haikal

Verschwunden

Haben Sie Clara gesehn?
Unsere Riesenschlange?
Gestern lag sie auf der Gardinenstange,
heut ist sie weg.

Sie muss nach unten gekrochen sein,
sonst wär sie noch da,
wo ich sie gestern sah.
Viereinhalb Meter im Stück
sind nur mit Glück zu bewegen.

Doch bleiben Sie ruhig sitzen,
es wird uns nichts nützen,
wenn Sie hier stehn.
Haben Sie Clara gesehn?
Irgendwo muss sie doch stecken,
wir müssen entdecken,
wo sich was wölbt.
Vielleicht unterm Sofa

oder daneben?
Könnten Sie kurz die Beine anheben?
Das letzte Mal war sie Monate weg,
lag hinter dem Küchenschrank,
bis wir sie Gott sei Dank
gefunden haben.
Wenn sie satt ist,
ist das kein Problem.
Haben Sie Clara gesehn?

Das arme Tier wird verhungern,
viereinhalb Meter Länge
und das in der Enge.
Ich bitte Sie!
Viereinhalb Meter im Stück
sind nur mit Glück zu bewegen.
Wie denn? Was denn?
Sie wollen schon gehn?
Haben Sie Clara gesehn?

Hanna Johansen

Gespenster

Ich sitz, in tiefem Schlafe liegend,
im Traum an meinem Fenster.
Und mich in diesem Traume wiegend,
was sehe ich? Gespenster.

Sie winken still. Sie klopfen leise.
Gespenster wollen immer
dasselbe: nach der langen Reise
in ein warmes Zimmer.

»Ihr seid doch gestern dagewesen,
wir sangen hundert Lieder.
Ich hab euch auch was vorgelesen.
Was wollt ihr denn schon wieder?«

»Ich habe Hunger«, sagt das eine.
»Ich Durst«, sagt Nummer Zwei.
»Ich kann nicht schlafen so alleine«,
lügt langsam Nummer Drei.

»Ich muß mir noch die Zähne putzen«,
rufen die anderen zehn.
»Und deine Zahnpasta benutzen.
Dann können wir gleich gehn.«

»Gespenster haben keine Zähne!
Husch, husch, und ab durchs Fenster!«
»Ich muß mal!« flüstert, als ich gähne,
das letzte der Gespenster.

Jellymountain

1961 glückte der erste Weltraumflug eines Menschen.

Während des Flugs: Flug normal, fühle mich wohl.

Während des Flugs: Zustand der Schwerelosigkeit bereitet mir keine Schwierigkeiten.

Nach der Landung: Ich sah die Erde in Dunst gehüllt. Der Himmel war sehr, sehr finster.

Aus einer Bemerkung des sowjetischen Majors Gagarin.
Etwa einen Monat später, am 5. Mai 1961, gelang dem
amerikanischen Astronauten Shephard ein ähnlicher Versuch.
Als er die Kapsel verließ, sagte er: »Alles okay«.

Meine Landkarte Seekarte entspricht
Nicht den wirklichen Längen und Breiten
Entferntes
Liegt nah beieinander
Marie-Luise Kaschnitz

CHRISTIAN

Im Namen stecken mehrere Begriffe …   F. K. Waechter

Christine Nöstlinger
Menschlichkeit

Meiers Katze fing im Garten eine junge Wühlmaus
und brachte sie zum Spielen ins Meierhaus.
Ließ sie lang laufen, fing sie schnell wieder ein
und schlug ihr die Krallen ins Fell hinein.
Warf sie hoch in die Luft, fing sie wieder auf
und hockte sich auf das arme Luder noch drauf!
Voll Empörung brüllte der gutherzige Meiervater:
»Ja, schämst du dich nicht, du mieser Kater?«
Und die Meiermutter flehte beseelt und inbrünstig:
»Ach, Kater, sei nicht so blutrünstig!«
Wild entschlossen entrissen sie dem Kater die Maus
und setzten sie, jammernd und klagend, vors Haus.
Das lädierte Vieh entschwand zwischen Kieselsteinen.
Mutter und Vater Meier war vor Mitleid zum Weinen.
Dann kauften sie Mausegift und streuten es aus fünf Tage,
denn Wühlmäuse sind wirklich eine arge Plage!

Simone Klages

Margaret Klare
Katz und Maus

Es träumte eine kleine Maus
einmal am hellen Tag,
dass neben ihr im Mäusehaus
die böse Katze lag.
Doch war die Katz in ihrem Traum
ein Kätzlein, klein und brav.
Die Maus, die konnt es glauben kaum
und freute sich im Schlaf.
Sie nahm das Kätzchen auf den Schoß;
es hat sich nicht gewehrt.
Die Maus erwacht: Der Schreck ist groß
und alles umgekehrt.

Helmut Preißler
Bitte im Frühling

Was Amseln in Frühlingstagen
einander flöten und sagen,
das soll keine Sprache sein?
Mir redet ihr das nicht ein.

Hört: Es klingt wie Erzählen,
wenn sie die Tonfolge wählen.
Und wie sie die Sätze austauschen,
wie sie einander lauschen:
Eine schweigt, wenn die andere spricht.

Nein, mir erzählt ihr das nicht,
dass nur Menschen sich etwas sagen.
Lauscht in den Frühlingstagen
den Amseln!

Ach, ihr Gescheiten,
die ihr Atomkerne sprengt
und Schiffe zu Sternen lenkt,
hört, wie das tönt über Weiten,
morgens, noch ehe es tagt!

Was wohl die Amsel
dem Amsel sagt,
wenn ich durch schallenden
Jubel erwache?

Ihr Klugen, tut mir den Gefallen:
Entschlüsselt die Amselsprache
und die Lieder der Nachtigallen!

Julia Kaergel

James Krüss
Der Garten des Herrn Ming

Im stillen Gartenreiche
Des alten Gärtners Ming,
Da schwimmt in einem Teiche
Ein Wasserrosending.

Den alten Ming in China
Entzückt sie ungemein.
Er nennt sie Catharina,
Chinesisch: Ca-ta-rain.

Mit einer Pluderhose
Und sehr verliebtem Sinn
Hockt er sich bei der Rose
Am Rand des Teiches hin.

Er singt ein Lied und fächelt
Der Rose Kühlung zu.
Die Rose aber lächelt
Nur für den Goldfisch Wu.

Sie liebt das goldne Fischchen,
Das oft vorüberschießt
Und auf den Blättertischchen
Den Rosenduft genießt.

Doch Wu, der Goldfisch-Knabe,
Der lockre Bube, gibt
Ihr weder Gruß noch Gabe,
Weil er ein Hühnchen liebt.

Er liebt Schu-Schu, das kleine
Goldrote Hühnerding.
Jedoch Schu-Schu, die Feine,
Liebt nur den Gärtner Ming.

So liebt Herr Ming Cathrina,
Cathrina liebt den Wu,
Wu liebt Schu-Schu aus China,
Den Gärtner liebt Schu-Schu.

Man liebt sich sanft und leise.
Doch keiner liebt zurück.
Und niemand in dem Kreise
Hat in der Liebe Glück.

Sie leben und sie warten,
Sind traurig und verliebt
In diesem kleinen Garten,
Von dem es viele gibt.

Wolfgang Rudelius

Axel Maria Marquardt
Nichts drin

jetzt ist es drei
bis vier will ich ein gedicht fertig haben
in einer stunde muß es doch möglich sein
ein gedicht zu schreiben
wenn man einmal so richtig in fahrt ist
es bedarf nur
eines einfalls
und daß man so richtig in fahrt kommt
überarbeiten kann man es dann immer noch
morgen oder in vierzehn tagen
oder vielleicht ist es ja auch sofort perfekt
so was soll es ja geben
beispiele gibt es da genug
um vier muß ich weg
da läuft dann nichts mehr
nur nicht nervös werden
gute einfälle kommen nicht wie
wie nicht von selbst
nein man muß um sie kämpfen
in sich hineinhorchen
sie erwischen beim vorübergehn
mir ist doch immer noch was eingefallen
wenn ich wirklich wollte
ruhig junge ruhig
es wird schon werden
du kannst dich auf dich verlassen
wär ja gelacht
halb vier
nicht zu fassen
was
ist
denn
nur
los
mit
mir
nichts
drin

Heinz J. Zechner
Gedichte

Gedichte
kann man lesen
von morgens bis abends,
im Bett und am Klo,
beim Spazieren im Park und
    im Wald sowieso.
Beim Warten auf
U-Bahn-, Zug oder Bus und
    beim Zahnarzt,
wenn man unbedingt muß.
Im Kaffeehaus, Thermalbad,
    am Strand –
ein Gedicht hab ich
immer zur Hand!

Aber
am liebsten lese ich Gedichte
auf kleinen Zetteln,
die du mir morgens am
    Schulweg
zusteckst.

Bilder von Christine Brand

Richard Bletschacher
Der Zauberkünstler Hadraczek

das Zaubern unterm Zirkuszelt
ist wohl die schwerste Kunst der Welt

der Zauberkünstler Hadraczek
zum Beispiel zaubert Menschen weg

er ruft sie aus dem Publikum
betastet sie und dreht sie um

wirft dann ein Tischtuch über sie
und spricht die Formeln der Magie

hebt er das Tuch dann wieder fort
so steht ein Kleiderständer dort

mit Jacke Hose und Gilet*
mit Hut und Paß und Portemonnaie

so sind schon Dutzende verschwunden
und keinen hat man mehr gefunden

und hat man das einmal gesehn
kann man die Welt nicht mehr verstehn

* Gilet = Weste

Christoph Kuhn
Die Made

Axel Scheffler

Auf einem Stein von Jade
sonnnt sich nach dem Bade
die Made. Und da gerade
frißt sie ein Spatz. »Wie schade«,
denkt ihre Freundin, die Zikade -
»ich hoffe nur, sie schmeckt ihm fade!«

Christine Brand

Ortfried Pörsel
Teetrinker

Eine Tasse Tee?
Okay.

Zwei Tassen Tee?
O je!

Drei Tassen Tee?
Nee!

Verena Ballhaus

Wolfgang Mennel
Die fünfzehn schönsten Befehle aus dem Tierreich

Affe mich in Ruhe!
Bär dich vor den Bienen!
Dachs ins Bett!
Taube das Radio aus!
Hyäne gefälligst woanders!
Antilope dich aus dem Staub, aber flott!
Hai dich nicht zu weit ins offene Meer hinaus!
Giraffe nicht in fremden Dingen herum!
Fuchs uns endlich los!
Hirsch deinen Mund!
Biber mir nicht in die Suppe!
Wolf mir die Schuhe!
Tiger deine Mütze auf, bei der Kälte!
Hund nicht so laut!
Katze mich endlich schlafen!

Klaus Ensikat

*»Ein guter Admiral bekümmert sich erst
auch um die Mäuse auf dem Schiff.«*
Seemannsweisheit

Kornelia Schrewe

Die Maus

Die Maus
hat kleine Füße
und sehr kleine Ohren
und sehr sehr kleine Zähne.
Sie hat dünne Schnurrhaare
und sehr dunkle Augen
und kann sehr sehr schnell laufen.
Sie hat ein dunkelbraunes Fell
und einen sehr langen Schwanz
und sie riecht sehr sehr schlecht.

Die Katze mag sie
wie sie ist.

Erich Fried

Der Mausefall

Die Krotts hatten eine entartete Maus
die machte sich aus Speck nichts draus.
Die Putzfrau ging fort und spie Gift und Galle:
»Das Biest läßt den Speck stehn und frißt nur die Falle«

Da fand Vater Krott es sei eine Katze
in so einem Fall zur Entmausung am Platze
Doch die Maus fing die Katze und fraß sie fast ganz
Vor dem Mauseloch fand man nur Krallen und Schwanz

Drum hat dann Frau Krott von Sorge gequält
die Sache befreundeten Nachbarn erzählt
Die fanden daß so etwas merkwürdig sei
und verständigten heimlich die Polizei

Da wurden die Krotts polizeilich verhört
und man hielt sie natürlich für geistesgestört
So kamen sie alle ins Irrenhaus
In der Villa Krott wohnt jetzt nur noch die Maus

Frauke Nahrgang

Es war einmal eine Ziege

Es war einmal eine Ziege.
Es war auch einmal ein Bauer.
Wenn die Ziege hungrig war,
brachte der Bauer sie auf die Weide.
Wenn die Ziege durstig war,
gab der Bauer ihr Wasser.
Wenn die Ziege traurig war,
kraulte der Bauer ihr weißes Fell.
Aber am Sonntag
bürstete die Ziege ihren Bart
und brachte dem Bauern
das Frühstück ans Bett.

Was er sah, war schlimmer
als erwartet...

Jutta Bauer

Ernst Jandl
menschenfleiß

ein faulsein
ist nicht lesen kein buch
ist nicht lesen keine zeitung
ist überhaupt nicht kein lesen

ein faulsein
ist nicht lernen kein lesen und schreiben
ist nicht lernen kein rechnen
ist überhaupt nicht kein lernen

ein faulsein
ist nicht rühren keinen finger
ist nicht tun keinen handgriff
ist überhaupt nicht kein arbeiten

ein faulsein
solang mund geht auf und zu
solang luft geht aus und ein
ist überhaupt nicht

Nikolaus Heidelbach

Jahrhundert-Thema Geld jetzt auch bei Kerbtieren!

Joachim Ringelnatz
Die Schnupftabaksdose

Es war eine Schnupftabaksdose,
Die hatte Friedrich der Große
Sich selbst geschnitzelt aus Nußbaumholz.
Und darauf war sie natürlich stolz.

Da kam ein Holzwurm gekrochen.
Der hatte Nußbaum gerochen.
Die Dose erzählte ihm lang und breit
Von Friedrich dem Großen und seiner Zeit.

Sie nannte den alten Fritz generös.
Da aber wurde der Holzwurm nervös
Und sagte, indem er zu bohren begann:
»Was geht mich Friedrich der Große an!«

Bilder von Christine Brand

Erwin Grosche
Der freche Weckdienst

Guten Morgen. Es ist 7 Uhr, Sie wollten um 10 Uhr geweckt werden.
Guten Morgen. Wollten Sie geweckt werden? Es ist 7 Uhr.
Guten Morgen. Es ist 7 Uhr, Sie wollten um 5 Uhr geweckt werden.
Guten Morgen. Hatten Sie ein Taxi bestellt? Nicht! Aber es ist da.
Guten Morgen. Es ist 7 Uhr, könnten Sie sich vorstellen, wer aus unserem
    Hotel ein Taxi bestellt haben könnte?
Guten Morgen. Könnten Sie mir sagen, wie spät wir es haben?
Guten Morgen. Es ist 7 Uhr, und ich hatte nichts zu tun. Ich dachte mir, ich
    wecke Sie, vielleicht könnten wir zusammen reden.
Guten Morgen. Es ist 7 Uhr, Sie wollten auf gar keinen Fall vor 11 Uhr geweckt
    werden.

Inge Meyer-Dietrich
Wut

Mama, du bist heute blöde.
Mama, du bist doof!
Ich könnte dich in die Mülltonne schmeißen,
in die große, ganz unten im Hof.

Peng! Knall ich den Deckel zu
und setz mich obendrauf.
Erst, wenn du aufhörst rumzuschrein,
mach ich ihn wieder auf.

Mama, guck mich nicht so an!
Ich kann doch nichts dafür.
Du meckerst dauernd an mir rum,
was ist denn los mit dir?

Jetzt brüll ich mal so laut wie du,
und du bist still und hörst mir zu!

Hans Manz
Einerseits – andererseits

Einerseits:
Im selben Haus,
ich für mich allein,
du für dich allein,
er für sich allein,
sind nicht wir.

Andererseits:
Ich hier,
du dort,
er weit fort,
zärtlich aneinander denkend,
sind wir.

Nazif Telek
Mein Lehrer

Als mein Vater
in Kurdistan
mich in eine Schule anmeldete,
sagte er:
»Nehmen Sie ihn, verehrter Herr Lehrer,
seine Knochen gehören mir
und sein Fleisch Ihnen.«
Als ich später
in der Klasse lachte,
schlug er mich.
Als ich auf dem Schulhof rannte,
schlug er mich.
Als ich kurdisch sprach,
schlug er mich.
Mein türkischer Lehrer.

Waltraud Zehner
Fremder Mann

Einmal im Monat kommt mein Vater,
holt mich ab, wir gehen in den Zoo.
Er kauft mir Schoko und Cola und Tierfutter
und denkt, ich bin froh.
Bei den Affen bleiben wir lange stehn.
Mein Vater schaut auf die Uhr:
Wir sollten jetzt weitergehn
Im Gasthaus krieg ich wie immer Pizza und Eis.
Wie geht's in der Schule, fragt er,
hier hast du zehn Mark für Fleiß.
Einen Sonntag im Monat hat mein Vater Zeit,
einen ganzen Tag lang sind wir zu zweit,
manchmal kommt er mir vor wie ein fremder Mann,
und ich trau mich nicht zu sagen,
daß ich die Mathe nicht kann.

Paul Klee
Herr Abel und Verwandte

A	- bel		O	- bel
Be	- bel		Pe	- bel
Ce	- bel		Ku	- bel
De	- bel		Er	- bel
E	- bel		Es	- bel
Ge	- bel		Te	- bel
Ha	- bel		U	- bel
I	- bel		Vau	- bel
Ka	- bel		We	- bel
El	- bel		Ix	- bel
Em	- bel		Zet	- bel
En	- bel			

Jürgen Spohn
Tischgespräch

Willst du
so sprach der Mops zum Mops
'n halben oder ganzen Klops

'n halben und 'n ganzen Klops
will ich
so sprach der Mops zum Mops

Günter Eich
Zunahme

Daß es Seegurken gibt,
macht mich verdrießlich,
die Frage vor allem:
Habe ich sie früher
nicht bemerkt,
oder sind sie wirklich
häufiger geworden,
inzwischen?

Jürgen Spohn

Lino Fastnacht

Cornelia Augustin
Fünf Rätsel – Haiku

Manchmal ist er klein,
und manchmal sehr vermessen,
unerfüllbar gar?

(der Wunsch)

Zuerst noch im Bauch,
ein Jahr später auf Beinen
und läuft schnell davon.

(das Baby)

In ihm steckt der Ort,
nicht zu verstehn ist es oft,
es kommt aus dem Mund.

(das Wort)

Manchmal kommt er schnell,
dann ewig und ewig nicht,
keiner weiß warum.

(der Schlaf)

Plötzlich ist sie da,
ganz unerwartet, super,
doch schnell wieder weg.

(die Idee)

Hans Manz
Wörter und Bilder

Das Wort Stein
dem und jenem,
jener und dieser in den Mund gelegt:
Einem Maurer
einer Gärtnerin
einem Friedhofbesucher
einer Ärztin
einem Zahnarzt
einer Kirschenesserin
einem Mühlespieler
einer Juwelenhändlerin
einem Hartherzigen
einer Bildhauerin
und zugesehen,
wie sich die Bilder
zum immer gleichen Wort verändern.

(Backstein, Kieselstein,Grabstein, Gallen- oder Nierenstein,
Zahnstein, Kirchstein, Spielstein, Edelstein, Herz aus Stein,
Granit- oder Marmorplastik)

Karoline Elke Löffler

Marie Luise Kaschnitz

Auf der Erde

Im Wasser ist Jod und Salz
Herden von Schleierfischen
Tangwälder weiße Korallen
Und der rosamäulige Aal.

Unterm Himmel ist Regen und Wind
Feurig raschelndes
Altschönes Herbstblatt
Raubvogel Raubvogelin
Und Lämmer des Mondes.

Auf der Erde ist Acker und Wald
Straßen und häusliches Haus
Und das alte unruhige Tier
Das über Gräbern gebiert
Das Zeiger und Zifferblatt kennt
Aber nicht seine Stunde.

Hans-Ulrich Treichel

Alles vergeht

Das bißchen Himmel
wird auch immer kleiner.
Die Spatzen merken noch nichts.
Aber ich schaue nicht mehr
nach oben.
Alles vergeht.
Vielleicht überleben die Autos.
Oder der Stacheldraht.
Nein, die Saurier fehlen mir nicht.
Obwohl ich manchmal
noch von Bäumen träume:
Große dunkle Wesen
aus Holz.

Rainer Malkowski
Wollte ich heute sein wie am Anfang

Am Anfang hatten sie keinen Teller für mich,
denn ich war ihnen nicht ähnlich.

Da begann ich mich zu verstellen.
Ich lernte die Suppe zu löffeln wie sie.

Jedes Jahr wurde ich ihnen ähnlicher,
und eines Tages
heiratete ich die Tochter des Kochs.

Wollte ich heute sein wie am Anfang:
ich müßte mich wieder verstellen.

Doris Mühringer
Geschwätzige Landkarte

Mein Land ist weit und erika,
ich glaub, es heißt Amerika.
Da liegt ein himmelblauer Teich,
der ist so groß wie Österreich.
Da fließt ein Fluß von Nord nach Süd,
der ist so lang, da wird man müd.
Mein Freund, der Elefant,
sechseinhalb Wochen
ist der dran entlanggerannt.
Aber erst meine Freunde, die Fliegen!
Sechseinhalb Monate,
sagen sie,
müßten sie fliegen
von Westen nach Osten,
also von Frisco nach Boston.
Na, wenn die nicht lügen …

8 x Bertolt Brecht ... Wolfgang Rudelius, der diese Fotos übermalt hat, schrieb dazu: »b. b. (bertolt brecht) / der qualmte nicht

Bertolt Brecht

Von den großen Männern

1

Die großen Männer sagen viele dumme Sachen
Sie halten alle Leute für dumm
Und die Leute sagen nichts und lassen sie machen
Dabei geht die Zeit herum.

2

Die großen Männer essen aber und trinken
und füllen sich den Bauch
Und die andern Leute hören von ihren Taten
Und essen und trinken auch.

3

Der große Alexander, um zu leben
Brauchte die Großstadt Babylon
Und es hat andere Leute gegeben
Die brauchten sie nicht. Du bist einer davon.

Zum Gedicht »Von den großen Männern«
Warum nennt man manche Männer eigentlich
groß? Nicht, weil sie länger wären als andere,
manche – zum Beispiel Napoleon – waren sogar
besonders klein! Nein, wohl eher, weil sie ziemlich häufig großes Unglück angerichtet haben:
durch Kriege, in denen viele Menschen starben
zum Beispiel, oder durch Erfindungen, die das
Leben langweiliger und schwieriger machen
statt angenehmer und schöner. Man nennt sie
»groß«, weil große Wirkungen von ihnen aus-
gingen. Leider oft ziemlich unangenehme!

Alexander war ein griechischer König, der Tausende von Kilometern nach Osten zog (natürlich nicht allein, sondern mit einem gewaltigen
Heer), um – unter anderem – Babylon zu erobern. Seine Landsleute, die Griechen, hatten
nicht viel davon, aber er kam in die Geschichts-
bücher und ist deshalb – im Unterschied zu seinen Soldaten – bis heute nicht vergessen. Kopernikus hat weniger Schaden angerichtet, sondern ganz richtig erkannt, daß auch die Erde nur
ein »Stern« unter anderen ist und sich um sich
selbst wie um die Sonne dreht. Er hatte zwar et-

schlecht / und trug – meine Güte / stets Mützen / – nie Hüte!«

4

Der große Kopernikus ging nicht schlafen
Er hatte ein Fernrohr in der Hand
Und rechnete aus: die Erde drehe sich um die Sonne
Und glaubte nun, daß er den Himmel verstand.

5

Der große Bert Brecht verstand nicht die einfachsten Dinge
Und dachte nach über die schwierigsten, wie zum Beispiel das Gras
Und lobte den großen Napoleon
Weil er auch aß.

6

Die großen Männer tun, als ob sie weise wären
Und reden sehr laut – wie die Tauben.
Die großen Männer sollte man ehren
Aber man sollte ihnen nicht glauben.

was mehr erkannt als die Leute vor ihm, aber von »den Himmel verstehen« konnte keine Rede sein. Heute wissen die Astronomen (die »Himmelskundler«), daß sie das unermeßliche Weltall nie verstehen werden, und dabei sind sie inzwischen sehr viel weitergekommen als der »große Kopernikus«.

Bertolt Brecht war noch ein ganz junger Mann, als er sich schon »groß« nannte, vielleicht gerade deshalb, weil er zugab, die einfachsten Dinge nicht zu verstehen, oder weil er über so »schwierige Dinge« wie das Gras nachdachte? Oder, weil er Napoleon, der einmal ganz Europa mit seinen Heeren erobert hatte, nur dafür lobte, daß er aß? Große Männer sind vielleicht gar nicht »groß«, sondern tun nur so? Sie stellen sich auf ein hohes Podium und brüllen laut, damit alle sie hören (dazu benützen sie natürlich heute das Fernsehen). Soll man sie wirklich ehren? Ich glaube, Brecht meint das gar nicht ernst, aber, daß man ihnen *nicht glauben* soll, das hat er wirklich so gemeint. Denn durch unseren Glauben werden sie erst groß, und große Männer sind gefährlich!

Iring Fetscher

Christina Zurbrügg
Manchmal

Manchmal
vergesse ich einfach,
wo ich herkomme.
Vergesse,
daß ich als Eisklumpen
dem Gletscher entsprang
und ins Tal hinunterrollte.
Im Frühling taute ich auf,
und eine herumirrende Schildkröte
zog mich mühsam und langsam
nach Hause,
wo sie mich in eine Mehlkiste warf.
Dort
fand mich meine Mutter,
und sie klopfte mir bleichem Wurm
das Mehl so lange von den Schultern,
bis nur noch mein Husten übrig blieb.
Erst viel später
habe ich reden gelernt.

Rose Ausländer
Ich vergesse nicht

Ich vergesse nicht

das Elternhaus
die Mutterstimme
den ersten Kuß
die Berge der Bukowina
die Flucht im ersten Weltkrieg
das Darben in Wien
die Bomben im zweiten Weltkrieg
den Einmarsch der Nazis
das Angstbeben im Keller
den Arzt der unser Leben rettete
das bittersüße Amerika

Hölderlin Trakl Celan

meine Schreibqual
den Schreibzwang
noch immer

Peter Jepsen
Das Leben

Fischereiten
Goldregnen Silberhändeln
Lerchenschieben Lappenfeuchten
Sternweisen Nächtekugeln
Brückenbiegen Sonnensingen
Träumetöten Turmbluten
Schnauzenpressen Kerzenschlingen
Fingernesteln Bronzeschlürfen
Zapfenwachsen Augentauchen
Zähnepinseln Ohrengolden
Bergefurchen

Franz Hohler
Sprachlicher Rückstand

Immer noch
sagen wir dem
was am Morgen geschieht

die Sonne geht auf

obwohl seit Kopernikus klar ist
die Sonne bleibt stehn
und
die Welt geht unter

Jutta Bauer

Peter Jepsen
Komma!

Hör nicht auf meine Worte.
Hör auf meine Satzzeichen,

Martin Anton
Der-die-das-Artikel

DIEDERDAS
Was soll denn das?
Warum ist die Rakete weiblich?
Warum ist der Mond ein Mann?
Und ist das Herz tatsächlich sächlich?

DASDERDIE
Da braucht man Fantasie:
Das Weib ist sächlich?
Der Mann ist männlich!
Die Sache ist weiblich?
Das Durcheinander ist unbeschreiblich!

Axel Scheffler

DIEDASDER
Es ist schon schwer!
Wenn
DIE Mann
und
DAS Frau
und
DER Kind
durcheinandergeraten sind,
so hilft nur eins,
nämlich mehrere:
DIE Kinder, DIE Frauen, DIE Männer.
DAS schaffen dann nicht nur
DIE Kennerinnen und DIE Kenner.

Paul Klee

Die großen Tiere trauern am Tisch
und sind nicht satt.
Aber die kleinlistigen Fliegen
klettern auf Brotbergen
und wohnen in Butterstadt.

Uwe Kolbe
Balde

Er wird dasitzen,
den Rücken gebeugt,
und den Gegenstand auf seinen Knien
anschaun.
Ihr werdet nicht wissen,
was er tut.
Ihr werdet den Rücken beugen
und die Aufschrift am Sockel
entziffern: Der Lesende.

Ernst Jandl
inhalt

um ein gedicht zu machen
habe ich nichts

eine ganze sprache
ein ganzes leben
ein ganzes denken
ein ganzes erinnern

um ein gedicht zu machen
habe ich nichts

Max Kruse
Fischwunder

»Ich geh zu Tisch«,
spricht der Fisch.
Seltsam ist er anzusehn:
Selten können Fische gehn.

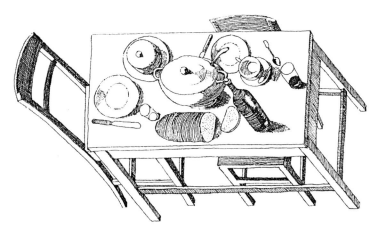

Klaus Ensikat

Axel Scheffler

Gerhard Schöne

In die Federn, husch, husch, husch!

Blumen schließen ihre Blüten,
Hund und Katze gehn zur Ruh,
Amseln, Drosseln, Fink und Stare
machen auch die Augen zu.
Im Aquarium schläft der Goldfisch,
und der Igel schnarcht im Busch.
Und auch ich muß in die Federn, husch,
   husch, husch!

Dabei will ich noch nicht schlafen,
weil ich noch nicht müde bin,
will mir noch ein Buch anschauen,
setz mich noch ein bißchen hin.
Hör, was die Erwachsenen reden,
und denk nach über den Tag.
Doch ich soll jetzt in die Federn, zack,
   zack, zack!

Ich sag »Gute Nacht!« und gehe.
An der Türe bleib ich stehn,
weil mir eben in den Sinn kommt,
dieser Tag war wirklich schön,
baute mir mit ein paar Freunden
heut am Teich ein kleines Floß.
Doch nun muß ich in die Federn, los,
   los, los!

So, jetzt geh ich aber wirklich,
auch wenn ich noch gar nicht mag.
Danke für die schönen Stunden!
So, nun Tschüs, mein lieber Tag!
Heut mach ich nur Katzenwäsche,
und dann spring ich im Galopp,
na, wohin wohl?, in die Federn, hopp,
   hopp, hopp!

Das schlafende nackte Mädchen malte Catrin Steffen an einem warmen Märztag. Am Abend schneite es, der Schnee schmolz auf den angewärmten Steinen zu Wasser, das in der Nacht gefror. Am Morgen lag das Mädchen unter der dünnen, spiegelnden Eisdecke.

Werner Pichler
Schafe zählen

Schaf
Schaf
Schaf
Schaf
Schaf
Schaf
Schaf
Schaf
Schaf
Schaf
Schaf
Schaf
Schaf
Schaf
Schaf
Schaf
Schaf
Schaf
Schaf
Schaf
Schaf
Schaf
Schaf
Schaf
Schaf
Schaf
Schaf
Schaf
Schaf
Schaf
Schaf
Schaf
Schaf
Schaf
Schlaf

Huberta Zeevaert
Der Freitag und der Donnerstag

Der Freitag sucht den Donnerstag.
Er möchte ihn empfangen.
Der Donnerstag jedoch, er ist
schon längst vorbeigegangen.

Reiner Kunze

Wohnungen zu vermieten

Wohnungen zu vermieten!
Die Größe ist verschieden.
Diese hier ist für Stare,
doch bitte, nur Paare!

Wohnungen zu vermieten!
Die Lage ist verschieden.
Die Meise, stets bescheiden,
mag's überall gern leiden.

Wohnungen zu vermieten!
Der Eingang ist verschieden.
Einen schmalen Spalt im Haus
erbittet sich die Fledermaus.

Nichts mehr frei! Nichts mehr frei!
Da nützt auch kein Geschrei.
Die Spatzen rufen Weh und Ach
und ziehen heimlich unters Dach.

Heinz J. Zechner

Briefwechsel

Sehr geehrte Frau Meier!
Ihr Sohn Markus
ißt während des Unterrichts
und arbeitet nicht mit.

Sehr geehrter Herr Lehrer!
Ihr Schüler Markus Meier
hält sein Zimmer nicht in Ordnung
und bröselt während des Fernsehens
Kartoffelchips auf den Teppich.

Hans Georg Lenzen
Knopf-Parade

Regnet es draußen, dann holt man die losen
Knöpfe aus Kisten und Kästen und Dosen.
Ausgeschüttet und aufgereiht,
zu fünft, zu viert, zu dritt, zu zweit:
eckige, runde, schwarze und bunte,
 flache, verbogene, lederbezogene,
  größere, kleinere, schmutzige, reinere,
   halb verbrannte, leinenbespannte,
    vielfach durchbohrte, seidenumflorte,
     blecherne, beinerne, hölzerne, steinerne,
      stumpfe und glatte, ganz und gar platte –
kullern und klappern und klirren leise,
jeder auf seine besondere Weise.
Scheint dann die Sonne, verschwinden die losen
Knöpfe in Kisten und Kästen und Dosen.

Harald Braem
Computer-Lied

Du mein allerliebster guter
Personal-Computer:
siehst so klug aus, bist so schnell,
und dein Bildschirm leuchtet hell,
summst so friedlich,
druckst so niedlich
mir dein ganzes Wissen aus –
bist der Größte hier im Haus!
Du mein allerliebster guter
Personal-Computer:
bist so freundlich, leicht zu tasten,
hast so furchtbar viel im Kasten.
Immer hast du für mich Zeit,
drum verzeihe meine Ehrlichkeit:
Eines macht mir noch Verdruß –
daß ich selber denken muß …

Bilder von
Franziska Biermann

Gerhard Schöne
Erdenball

Du, Erdenball,
der du ruhelos rollst
durch das All,
hab dich so gern,
sorge mich so um dich,
blauer Stern.

Ach, dein grünes Kleid wird brüchig,
und dein Atem stinkt,
trübe wird das Meer.
Atlasbär und Wandertaube,
Beutelwolf und Ur
gibt es schon nicht mehr.
Dein geliebtes Menschenkind
ist klug und so verwirrt,
herrlich und so schlecht.
Küßt und foltert, tanzt und wütet,
droht und wird bedroht
und erkämpft sein Recht.

Du, Erdenball,
der du ruhelos rollst
durch das All,
hab dich so gern,
sorge mich so um dich,
blauer Stern.

Allen deinen Menschenkindern
deckst du reich den Tisch,
Teilen fällt so schwer.
Hunger leiden noch die meisten,
andre werden reich,
werfen Korn ins Meer.
Und die schlimmsten deiner Kinder
spieln mit deinem Tod,
schöner Erdenball.

Doch die Menschen, die dich lieben,
stehn dagegen auf,
hier und überall.

Du, Erdenball,
der du ruhelos rollst
durch das All,
hab dich so gern,
sorge mich so um dich,
blauer Stern.

Ja, noch wechselt Frucht und Blüte,
sprießt auf Trümmern Gras,
legt sich Tau darauf,
ziehen Vögel ihre Bahnen,
redet Mensch zu Mensch,
geht der Samen auf.

Du, Erdenball,
der du ruhelos rollst
durch das All,
hab dich so gern,
sorge mich so um dich,
blauer Stern.

Lino Fastnacht

Cornelia Augustin

Entdeckung der Welt vom Boden aus

Meinem Sohn Philipp gewidmet

Ich lieg im Bett und seh
dich kleinen Entdecker am Boden.
Stolz sitzt du da
und fasst ganz zart
die Tür am Rande an.
Gibst ihr einen kleinen Stoß.
Nichts.
Gibst ihr nochmal einen Stoß.
Nichts.
So lange sitzt du da und übst,
bis sich endlich die Türe schließt.

Stolz sitzt du da und schaust hinauf,
siehst mich an und lachst.
Greifst hoch mit den Händen,
immer höher hinauf,
strahlst und stellst dich ganz alleine auf.
So sitzt du da und siehst so viel,
so viel mehr als ich.
Die Katzen am Fenster so rot,
sie haben es dir angetan.
Die Schranktür ebenso.

Stolz sitzt du da
und fasst ganz zart
die Tür am Rande an.
Gibst ihr einen kleinen Stoß.
Nichts.
Gibst ihr nochmal einen Stoß.
Nichts.
So lange sitzt du da und übst,
bis sich endlich die Türe schließt.

Fenster, Türen, Telefon,
Abfalleimer, Mikrofon,
alles interessant.

Philip Waechter

Hans Manz

Abendstunde

Ein Kind geht.
Es geht und geht.
Geht und geht und geht –
zu Bett.

Alfred Brendel
Als die künstlichen Menschen

Als die künstlichen Menschen gelernt hatten
sich wie Du und ich zu benehmen
wußten wir
daß unser Spiel verloren war
Da sitzen sie
etwas zu glatt im Gesicht
und trinken Tee
blicken einander tief in die Augen
oder krümmen sich vor Lachen
Unfehlbar
und doch mit größter Zartheit
spielen sie Klavier
reproduzieren sich diskret im Nebenzimmer
und schießen die Vögel vom Dach
während wir
Veteranen der Natürlichkeit
von den Umständen zum Äußersten getrieben
keinen anderen Ausweg sehen
als engelhaft gut zu werden
oder vielleicht doch lieber
über die Maßen böse

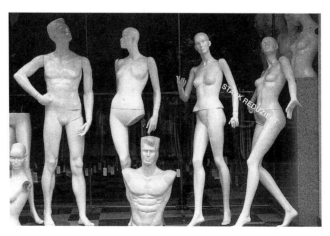

Foto Jellymountain

Hans Manz

Der Stuhl
Alltag

Ein Stuhl,
allein.
Was braucht er?
Einen Tisch!

Auf dem Tisch
liegen Brot, Käse,
Birnen,
steht ein gefülltes Glas.

Tisch und Stuhl,
was brauchen sie?
Ein Zimmer,
in der Ecke ein Bett,
an der Wand einen Schrank,
dem Schrank gegenüber ein Fenster,
im Fenster einen Baum.

Tisch, Stuhl, Zimmer …
Was brauchen sie?
Einen Menschen.

Der Mensch sitzt
auf dem Stuhl
am Tisch,
schaut aus dem Fenster
und ist traurig.
Was braucht er?

Helga Glantschnig

Tintenfisch und Tintenfrau

Mein weichstes Tier, mein
Weichtier du. Hast du
viele Arme? Zum Spritzen
und zum Sitzen, zum Muschel
fangen und zum Kitzeln. Und
fast tausend Augen tun fleißig
saugen. Einen Tintenbeutel
hab ich auch, kichert
die Tintenfrau. Kennst du
meine Meerschrift, meine
Wasserzeichen? Die zeigen
dir ganz genau, ob ich jetzt
mit dir eine Weile durch
Höhlen schlüpfen werde. Psst!
sagt der Tintenfisch und
spritzt für seine Frau ein
weites Herz ins nasse Blau.

Wolfgang Fischbach

Ein Mann

Ein harter Mann
der alles kann
weiß was er will
will was er sieht
sieht was er hat
hat nie genug
und niemals Zeit
für'n bißchen Schmuserei
zu zweit
denkt nur an sich
ist stets allein
das arme Schwein.

R. S. Berner

Werner Färber
Gedicht

Ein Gedicht
Ich nehm den Bleistift, spitz ihn an,
Setz ihn aufs Blatt und schreibe dann:
Gedicht
mehr nicht.

Ein Gedocht
Ich verfaßte ein Gedocht.
Alle haben's sehr gemocht.
Keinen stört der Fehler sehr.
Jeder weiß: Dichten ist schwer.

Ein Gedacht
Einmal habe ich gedacht,
ich hätte ein Gedicht gemacht.
In diesem Fall gelang es nicht,
ich hab nur ein Gedacht gemicht.

Ein Gedecht
Reimen kann ich auch nicht schlecht,
also schreib ich ein Gedecht.
Sicher wirkt der Reim erzwungen,
aber dafür ist's gelungen.

Ein Geducht
Ein Gedicht hab ich versucht,
doch wie ihr seht, gelang es nucht.
Statt eines »i« tippt ich ein »u«,
so sag ich halt Geducht dazu.

Foto F. Müller

*Das »Maul der Hölle« aus dem Zaubergarten
(im italienischen Bomarzo), dem Park
der Monstren, den Graf Vicino Orsini
1552–1580 erbauen ließ. (Im Höllenschlund
steht ein kleiner, gemütlicher Tisch.)*

Fredrik Vahle
Keine Angst vor fernen Planeten oder Nächtliches Schauspiel am Dorfteich oder Die wundersame Wirkung von Sprache und Spucke

Du
wirst vor mir erzittern!
sagte zum Mond
die Maus
und spuckte
ins Wasser.

*Ernst Jandl**

ottos mops

ottos mops trotzt
otto: fort mops fort
ottos mops hopst fort
otto: soso

otto holt koks
otto holt obst
otto horcht
otto: mops mops
otto hofft

ottos mops klopft
otto: komm mops komm
ottos mops kommt
ottos mops kotzt
otto: ogottogott

---

* Ernst Jandl: Ein bestes Gedicht

Manches meiner Gedichte ist mein bestes Gedicht. – Was soll das heißen: manches seiner Gedichte ist sein bestes Gedicht? Sein bestes Gedicht kann doch nur ein einziges sein. – Ja, mein bestes Gedicht kann immer nur ein einziges sein. – »Immer nur« stimmt nicht, man muß sagen »überhaupt«; sein bestes Gedicht kann überhaupt nur ein einziges sein. – Dieser Ansicht bin ich nicht: eines kann das beste sein, um es mit lauter Stimme vorzulesen; eines kann das beste sein, um es still für sich selbst zu lesen; eines kann das beste sein, um die Leser oder Zuhörer zum Lachen zu bringen; eines kann das beste sein, um die Leser oder Zuhörer ganz ernst und nachdenklich zu machen. So können viele Gedichte das beste sein, und zwar jedes auf seine eigene Weise. Eines zum Beispiel kann das beste sein, weil alle, die es hören oder lesen, wissen, daß sie es ebenfalls können, weil sie sofort erkennen, wie es gemacht ist, und dann beginnen wirklich einige, und meist sind es Kinder, dieses Gedicht nachzumachen, aber in Wirklichkeit machen sie es gar nicht nach, sondern sie haben nur entdeckt, wie man so ein Gedicht machen kann, und dann machen sie es, und es wird ihr eigenes Gedicht daraus. *(Auszug)*

Axel Scheffler

Heinz J. Zechner

Unser Lehrer

Unser Lehrer ist sehr gescheit.
Unser Lehrer weiß immer eine Antwort.
So gescheit ist unser Lehrer.
Aber unser Lehrer sagt uns nicht immer die Antwort.
Manches Mal sagt er:
Denkt einmal selber nach!
Oder:
Wozu habt ihr die *Welt von A bis Z?*
So gescheit ist unser Lehrer.
Einmal ist in der *Welt von A bis Z* was anderes gestanden.
Da hat unser Lehrer gesagt:
Das Buch ist falsch gedruckt!
So gescheit ist unser Lehrer.
Unser Lehrer ist sehr streng.
Wenn er streng ist,
dürfen wir nicht lachen.
Manches Mal dürfen wir lachen.
Dann ist unser Lehrer nicht so streng.
Unser Lehrer sagt immer:
Wie man in den Wald hineinruft,
so kommt es zurück.
Aber in unserer Schule haben wir gar keinen Wald.

R. S. Berner

Hanna Johansen

Das Vierhornschaf

Das Vierhornschaf kannst du vergessen,
das wühlt im Gras, als wär es blind.
Du denkst vielleicht, es wär am Fressen?
Es sucht und sucht und sucht, mein Kind.
Sechs Hörner hat es einst besessen
und weiß nicht, wo die andern sind.

Martin Schneider

Was weißt du über das bernoullische Prinzip?

Neulich fragte mich mein Sohn
er guckte dabei ausgesprochen lieb
Du Papa, was weißt du über das bernoullische Prinzip?

Ich sagte ohne Zaudern ohne Zögern
dieses Prinzip sei sehr leicht zu verstehn
denkt man im orthorombischen System

aber nur in periodischer Bewegung
mit ungefährer Larmor-Präzision
sicher hörtest du davon.

Dank hydroskopischer Hydrate
kannst du es weithin hörbar machen
da alle instabilen Isotopen furchtbar krachen

Schalt ein das Prismenspektroskop
willst du sehen das Gewühle
der kryptisch-selektiven Moleküle

Nur vom Riechtest rat ich ab
denn das indifferente Gleichgewicht
mögen unsere Nasen nicht

Soviel zu deiner Frage, alles klar?
Ja, ja.

Thomas Rosenlöcher

Stille

Sardinenbüchsen sind mit Bedacht
zu öffnen, zwischen den Leibern in Öl
könnte ein winziges Rauschen
des Meeres verborgen sein.

Franziska Biermann

Jutta Bücker

Axel Maria Marquardt
Beim Psychiater

Abends wenn ich schlafen geh,
Vierzehn Englein um mich stehn,
Bitte zählen Sie mit:

Zwei zu meiner Rechten,
Drei zu meiner Linken,
Sind schon fünf,
Bleiben neun.

Also weiter:
Vier unterm Bett,
Schönes Gedränge, ein Fall für Sophisten,
Und je zwei an Kopf- und Fußende;
Ja und das übrig ist, Herr Doktor,
Liegt neben mir –

Wie soll ich da zum Schlafen kommen?

Wolfgang Mennel

Manche Dinge kann man nur dann farbig sehen, wenn man die Augen fest geschlossen hat

Zum Beispiel:
Eine tomatenblaue Krawatte.
Zwei grasrote Handschuhe.
Drei hochzeitskleidschwarze Autos.
Vier rote Sessel mit himmelbunten Punkten.
Fünf erdbeergoldene Hüte.
Sechs weiße Rappen.
Sieben dottergelbe Deutschlehrer.
Acht orangefarbene Kiwis.
Neun kiwigrüne Orangen.
Zehn zimtweiße Zitronen.
Elf bunte Fußballspieler mit roten Hemden.
Zwölf rothaarige Blonde.
Dreizehn blaue Briefkästen.
Vierzehn gelbe Raben.
Fünfzehn zitronenblaue Äpfel.
Sechzehn gelbe Rotweinflecke.
Siebzehn nudelblaue Fahrräder.
Achtze …
(Jetzt habe ich leider die Augen geöffnet, weil es an der Haustür geklingelt hat. Vielleicht versuche ich es nachher noch einmal. Gestern bin ich bis 38 gekommen.)

Lino Fastnacht

Martin Auer

Abzählreim

Eins, zwei, drei, vier, sieben,
wo ist die Fünf geblieben?
Vielleicht hat sie die Sechs verschluckt,
wo die schon so verdächtig guckt!
Eins, zwei, drei, vier, acht.
Jetzt hat die Sechs die Sieben
auch noch umgebracht!

Reiner Kunze

Vom freundlichen Nachbarn

Der Nachbar schafft die Nachbarschaft,
dies Schaffen wolln wir ehren
und ihm ein lieber Nachbar sein
und seine Freuden mehren.

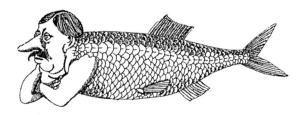

F. W. Bernstein

An und für Dich

Ein bleicher weicher Kopfsalat
und ein kaputter Schuh;
ein nasser Hut, ein Stückel Draht –
viel schöner bist doch Du.

Wolf Harranth

Zoologie

Der Laubfrosch ist ein Laubtier,
der Tiger ist ein Raubtier,
das Nilpferd ist ein Schnaubtier,
das Einhorn ist ein Glaubtier.

Günter Müller

Von Wegen

Wo manche einen
Weg finden,
ist für andere
nichts als
undurchdringliche Wildnis.

Die Ankündigung,
man werde Mittel & Wege
finden, ist heute nur
noch eine Drohung.

Wenn von jemandem
gesagt wird,
er sei auf dem besten Weg
dann bedeutet das
im allgemeinen nichts Gutes.

Kaum hat man beschlossen,
jemandem bewußt
aus dem Weg zu gehen,
schon meint man ihm
besonders häufig
zu begegnen.

Bilder Klaus Ensikat

Angelika Ehret

Zeitungsmeldung

In der Zeitung stand's:
See verschwunden!
Wurde nicht mehr gefunden!

Was war da los?
Was ist da geschehn?

Ein Seeräuber stahl ihn.
Ich hab's genau gesehn.

Hubert Schirneck

Windgedicht

Wirf ein Wort
in die Luft, der Wind
trägt es fort

Dann warte
bis der Wind sich dreht
und Antwort bringt

Peter Jepsen

Ich erfinde eine Farbe

parzivalfarben

ein Mantelfutterrot
das man nach außen wenden kann

Bernhard Lins

Ich will dich heut nicht sehen

Ich will dich heut nicht sehen
und sag dir ins Gesicht:
Ich will dich heut nicht sehen.
Ich mag dich heute nicht.

Ich kann dich heut nicht riechen,
du machst dich nicht beliebt.
Mach bitte eine Fliege,
bevor es Ärger gibt.

Ich möchte heut allein sein
und sag dir ins Gesicht:
Ich hab heut schlechte Laune
und mag mich selber nicht.

Ich will dich heut nicht sehen.
Ich weiß, das klingt gemein.
Doch ich kann heute leider nicht
auf Knopfdruck lustig sein.

Hast du mal schlechte Laune,
dann kann ich dich verstehn.
Und spätestens heut Abend
möcht ich dich wiedersehn.

Christine Brand

Rosita Blissenbach

In der Nacht

Gestern Nacht
bin ich aufgewacht:
Hat da nicht einer gelacht
im Garten?!
Mucksmäuschenstill.
Warten.
Durchs Fenster
in der Dunkelheit
nichts zu sehen
weit und breit.
Da hört ich meine Schaukel
    quietschen,
leise ächzen,
barfuß schlich ich hinunter,
mit meiner Taschenlampe,
tappte durchs feuchte Gras,
leises Kichern,
irgendwer hatte seinen Spaß,
auf meiner Schaukel,
eine dunkle Gestalt.
He! rief ich und sah im
Lampenschein,
es waren zwei:
Mein Vater und meine Mutter
auf seinem Schoß.
Wir schaukeln bloß,
lachten beide,
komm mach mit!
Und so schaukelten wir
durch die Nacht
zu dritt.

Wolf Harranth
Geburtstagsgedicht
Dem Kind aufzusagen

Vom vielen Bücken wird man krumm,
vom vielen Nicken wird man dumm,
vom vielen Wegschaun wird man blind.
Werd anders, Kind.

Geh aufrecht und frag dich, ob alles stimmt.
Auch wenn man das Fragen dir übelnimmt:
Scher dich nicht um die Übelnehmer.
Sei unbequemer.

Das wird nicht ganz ohne Narben abgehn.
Aber möchtest du erst die unsern sehn?
Du sollst uns nicht bös sein und uns nicht verlachen.
Du sollst es einfach besser machen.

Wolf Harranth
Geburtstagsgedicht
Der Mutter oder dem Vater aufzusagen

Ach, wie schön, daß es das gibt:
Ich hab dich in mich verliebt.

Falls dir an mir nicht alles paßt,
sei trotzdem froh, daß du mich hast.

Wolfgang Rudelius

Schau dir die andern Kinder an:
Du bist noch immer besser dran.

Drum sei schön lieb und brav zu mir,
dann bleib ich noch ein Jahr bei dir.

Marie Luise Kaschnitz
Die Katze

Die Katze, die einer fand, in der Baugrube saß sie und schrie.
Die erste Nacht, und die zweite, die dritte Nacht.
Das erste Mal ging er vorüber, dachte an nichts
Trug das Geschrei in den Ohren, fuhr auf aus dem Schlaf.
Das zweite Mal beugte er sich in die verschneite Grube
Lockte vergeblich den Schatten, der dort umherschlich.
Das dritte Mal sprang er hinunter, holte das Tier.
Nannte es Katze, weil ihm kein Name einfiel.
Und die Katze war bei ihm sieben Tage lang.
Ihr Pelz war gesträubt, ließ sich nicht glätten.
Wenn er heimkam, abends, sprang sie ihm auf die Brust, ohrfeigte ihn.
Der Nerv ihres linken Auges zuckte beständig.
Sie sprang auf den Vorhang im Korridor, krallte sich fest
Schwang hin und her, daß die eisernen Ringe klirrten.
Alle Blumen, die er heimbrachte, fraß sie auf.
Sie stürzte die Vasen vom Tisch, zerfetzte die Blütenblätter.
Sie schlief nicht des Nachts, saß am Fuß seines Bettes
Sah ihn mit glühenden Augen an.
Nach einer Woche waren seine Gardinen zerfetzt
Seine Küche lag voll von Abfall. Er tat nichts mehr
Las nicht mehr, spielte nicht mehr Klavier
Der Nerv seines linken Auges zuckte beständig.
Er hatte ihr eine Kugel aus Silberpapier gemacht
Die sie lange geringschätzte. Aber am siebenten Tag
Legte sie sich auf die Lauer, schoß hervor
Jagte die silberne Kugel. Am siebenten Tag
Sprang sie auf seinen Schoß, ließ sich streicheln und schnurrte.
Da kam er sich vor wie einer, der große Macht hat.
Er wiegte sie, bürstete sie, band ihr ein Band um den Hals.
Doch in der Nacht entsprang sie, drei Stockwerke tief
Und lief, nicht weit, nur dorthin, wo er sie
Gefunden hatte. Wo die Weidenschatten
Im Mondlicht wehten. An der alten Stelle
Flog sie von Stein zu Stein im rauhen Felle
Und schrie.

Jürgen Spohn

Friederike Mayröcker
was brauchst du

was brauchst du? einen Baum ein Haus zu
ermessen wie grosz wie klein das Leben als Mensch
wie grosz wie klein wenn du aufblickst zur Krone
dich verlierst in grüner üppiger Schönheit
wie grosz wie klein bedenkst du wie kurz
dein Leben vergleichst du es mit dem Leben der Bäume
du brauchst einen Baum du brauchst ein Haus
keines für dich allein nur einen Winkel ein Dach
zu sitzen zu denken zu schlafen zu träumen
zu schreiben zu schweigen zu sehen den Freund
die Gestirne das Gras die Blume den Himmel

»Die alten Götter«

Sophie Brandes

Christine Busta

Verse zu den gefundenen Dingen eines Knaben

Die Vogelfeder aus erprobter Schwinge,
aus Halm und Moos ein zartgefügtes Nest
und Pflanzenrunen, magisch eingepreßt
im Stein – glückliches Kind, was immer dir gelinge,
in diesem Fund besitzt du alle Dinge
und kannst von ihnen, was du brauchst, erfahren:
den flugbereiten und den mütterlichen Geist
und jenes Letzte, das versteint die Pflanze weist,
das Wesen im Erlittnen zu bewahren,
verwandelt ganz zum Stern, auf dem du kreist.

Rainer Maria Rilke
Das Karussell
Jardin du Luxembourg

Mit einem Dach und seinem Schatten dreht
sich eine kleine Weile der Bestand
von bunten Pferden, alle aus dem Land,
das lange zögert, eh es untergeht.
Zwar manche sind an Wagen angespannt,
doch alle haben Mut in ihren Mienen;
ein böser roter Löwe geht mit ihnen
und dann und wann ein weißer Elefant.

Sogar ein Hirsch ist da, ganz wie im Wald,
nur daß er einen Sattel trägt und drüber
ein kleines blaues Mädchen aufgeschnallt.

Und auf dem Löwen reitet weiß ein Junge
und hält sich mit der kleinen heißen Hand,
dieweil der Löwe Zähne zeigt und Zunge.

Und dann und wann ein weißer Elefant.

Und auf den Pferden kommen sie vorüber,
auch Mädchen, helle, diesem Pferdesprunge
fast schon entwachsen; mitten in dem Schwunge
schauen sie auf, irgendwohin, herüber –

Und dann und wann ein weißer Elefant.

Und das geht hin und eilt sich, daß es endet,
und kreist und dreht sich nur und hat kein Ziel.
Ein Rot, ein Grün, ein Grau vorbeigesendet,
ein kleines kaum begonnenes Profil .
Und manchesmal ein Lächeln, hergewendet,
ein seliges, das blendet und verschwendet
an dieses atemlose blinde Spiel …

Christine Brand

Ein Kind dagegen steht auf und geht los …

Werner Pichler

Groß und klein

Es hockt der Elefantenzwerg
auf seinem Lieblingsberg.
In seiner Lieblingswiese
sitzt der Mückenriese
und ruft: »Ich bin der größte Zwerg!«
hinauf zum Elefantenberg.
»Was soll's, ich bin der kleinste Riese«,
schallt es hinab zur Mückenwiese.
»Ist es nicht fein,
der kleinste Riese zu sein?«
»Ist es nicht das Tollste auf Erden,
als größter Zwerg geboren zu werden?«
So schallt's hinunter, so klingt's hinauf,
niemand bremst des Streites Lauf.
Kein Schiedsrichter weit und breit,
so streiten sie wohl bis in alle Ewigkeit!

Erich Fried

Kleine Frage

Glaubst du
du bist noch
zu klein
um große
Fragen zu stellen?

Dann kriegen
die Großen
dich klein
noch bevor du
groß genug bist

Ingrid Huber
Riesenaufwand

Aufstehn
rausgehn
Weltentdecken
ist für Erwachsene
ein Schrecken
Da wird
geplant, gepackt und gebucht
Das Auto gewienert
der Stadtplan gesucht

Ein Riesenaufwand
Warum denn bloß?
Ein Kind
dagegen
steht auf
und geht los

Hannelies Taschau
Kinderleben

Nicolschätzchen?
Süße …
Ni co lle.
Wirds bald!
Ni coll!
Wenn ich dich rufe!
Ich glaub es geht los!
Jetzt aber marsch!

Nasrin Siege
Wer ist Anaeli?

Anaeli hat kein Zuhause
Anaeli hat kein Bett
Anaeli ist allein
Anaeli ist klein
Anaeli hat Hunger
Anaeli friert
Anaeli hat Angst
Anaell hat Wunden
Anaeli hat Schmerzen

Wer passt auf Anaeli auf?
Wer gibt Anaeli zu essen?
Wer bringt Anaeli zum Arzt?
Wer tröstet Anaeli?
Wer schickt Anaeli in die Schule?
Wer nimmt Anaeli in den Arm?

Die Leute sagen:
Straßenkinder sind schmutzig
sind kleine Diebe
sie stinken und sind faul
sie sind Abfall
zu nichts zu gebrauchen
du kannst mit ihnen machen was du willst!
kein Hahn kräht nach ihnen

Anaeli ist allein!

Simone Klages

Marie Luise Kaschnitz
Ein Gedicht

Ein Gedicht, aus Worten gemacht.
Wo kommen die Worte her?
Aus den Fugen wie Asseln,
Aus dem Maistrauch wie Blüten,
Aus dem Feuer wie Pfiffe,
Was mir zufällt, nehm ich,

Es zu kämmen gegen den Strich,
Es zu paaren widernatürlich,
Es nackt zu scheren,
In Lauge zu waschen
Mein Wort

Meine Taube, mein Fremdling,
Von den Lippen zerrissen,
Vom Atem gestoßen,
In den Flugsand geschrieben

Mit seinesgleichen
Mit seinesungleichen

Zeile für Zeile,
Meine eigene Wüste
Zeile für Zeile
Mein Paradies.

Verena Ballhaus

Inge Müller
Herbst

Der Herbst färbt die toten Blätter
Und legt den Finger auf den Mund –
Stirbt es sich leichter bunt?
Im Fluß die Fische werden fetter
Der Winter kommt, die Zeit ist wund.

Martin Anton
Eine schöne Geschichte

Es war einmal eine schöne Geschichte,
die war außen unsichtbar und innen bunt.
Und in alten Zeiten
ging sie von Mund zu Mund.

Eines Tages geriet sie in Sammlerhände,
das bedeutete beinah ihr Ende:
Sie wurde in schwarze Lettern gefaßt,
bekam Seitenzahlen und Nummern verpaßt,
wirkte nun eher eckig als rund,
außen schwarz und innen bunt.

Ein Kind las sie.
Und in seiner Fantasie
wurde sie wieder rund –
außen unsichtbar und innen bunt.

Joachim Ringelnatz
Traurig geworden

Traurig geworden im Denken,
Traurig ohne Woher.
Als könnte mir niemand mehr
Etwas schenken.

Verena Ballhaus

Kann selbst doch niemandem mehr
Etwas schenken.
Nicht daher – ich weiß nicht, woher –
Kommt mir das traurige Denken.

Es pickt eine Krähe im Schnee.
Vergraben im Schweigen
Hängt gramvoll ein winzig Wehweh
Unter rauschenden Zweigen.

Sebastian Goy
Liebeserklärung an einen Apfel

Er hieß Boskop
und ich konnte ihn leiden.
Er war ein Apfel
aus unseren Breiten.

Ich nahm ihn nach Hause,
legte ihn auf meinen Tisch,
Woche um Woche
blieb er rotbackig und frisch.

Ob im Sonnenlicht
oder bei garstigem Regen,
er hieß Boskop
und ist einfach dagelegen.

Er schrieb sich nicht Gravensteiner,
nicht Jonathan,
er hieß einfach Boskop
und schaute mich listig an.

Er hieß Boskop,
war des schrumpligen Boskops Sohn,
er gefiel mir,
das erwähnte ich schon.

Nachts war ich traurig,
weil ich ihn nicht mehr sah,
da dachte ich mir »Boskop«
und er war wieder da.

Bilder Christine Brand

Günter Grass
Bei hundert Grad

Jedesmal staunen,
wenn das Wasser im Kessel
zu singen beginnt.

Fredrik Vahle
Für den Stein in meiner Hand

Läßt dich nicht erdrücken …
Bist hart!
Läßt dich sanft streicheln …
Bist weich!
Fliegst durch die Luft …
Bist leicht!
Fällst auf die Erde …
Bist schwer!
Liegst im Gras und wartest …
Bist geduldig!
Schmiegst dich in meine Hand …
Bist zärtlich!
Hast Sonne in dir …
Bist warm!
Hast Mond in dir …
Bist kühl!
Zeigst nach dem Regen seltsame Farben.
Gehst dem tiefen Wasser auf den Grund.
Läßt dich fallen, wie du bist …
Du gefällst mir!

Foto Alexa Gelberg

Rund um die Welt

Du hast die Hand ausgestreckt

Und mit dem Finger in die Ferne gedeutet

Geh, hast du gesagt

Ich bin gegangen

Immer deiner Hand nach

Immer weiter weg von dir

Bis die halbe Welt zwischen uns war

Und dann immer näher hin zu dir

Ich habe die ganze Welt umrundet

Und irgendwann stand ich wieder vor deinem Haus

Leonie Achtnich (12 Jahre)

Der Reisende
Ich habe Menschen getroffen,
die vier verschiedene Sprachen
sprechen: die Frauensprache, die Männersprache,
die Hundesprache und eine Sprache,
die die Kinder in der Schule lernen.
Jürg Schubiger

Henriette Sauvant

Pablo Neruda
Aus dem *Buch der Fragen*

Wieviele Fragen hat eine Katze?

Warum läßt sich der Donnerstag nicht überreden,
nach dem Freitag zu kommen?

Wer hat alles laut gejubelt,
als die blaue Farbe zur Welt kam?

Stimmt es, daß der Bernstein
Tränen enthält von Sirenen?

Wo liegt der Mittelpunkt des Meeres?
Warum laufen dahin nicht die Wellen?

Ist die Vier für alle eine Vier?
Sind die Sieben alle gleich groß?

Warum haben sich zum Warten
auf den Schnee die Bäume entkleidet?

Warum ist es so hart, das süße
Herzstück der Kirsche?

Wer sah je die Laus über die Leber laufen?

Wen kann ich fragen,
was auf dieser Welt ich suche?

Sind es Vögel oder sind es Fische,
was der Mond da im Netz schleppt?

Ist unser Leben nicht vielleicht ein Tunnel
zwischen zwei verschwommenen Lichtern?

Oder ist unser Leben gar ein Fisch,
der zum Vogel bestimmt war?

Was hat der Baum von der Erde gelernt,
daß er jetzt mit dem Himmel plaudert?

Wo ist das Kind, das ich gewesen,
wohnt es in mir oder ist es fort?

Wenn ich wieder einmal das Meer seh,
sieht das Meer dann auch mich oder nicht?

Und ist das Meer vielleicht
kurz an die Erde verliehen?

Wie einigt man sich mit den Vögeln
auf eine Übersetzung ihrer Sprachen?

Wie bring ich der Schildkröte bei,
daß ich noch langsamer bin als sie?

Wer stößt Rauch, Feuer, Dampf aus –
die drei O in der Lokomotive?

Gibt es zwei schärfere Zähne
als die Silben in *Schakal?*

Ist ein Wörterbuch ein Grabplatz
oder eine verschloßne Wabe mit Honig?

Welche Buchstaben kennt die Biene –
woher weiß sie ihren Flugplan?

Wenn alle Flüsse süß sind,
woher hat das Meer dann sein Salz?

Wer bewirkt mehr auf der Erde,
der Mensch oder die kornwarme Sonne?

Übersetzt aus dem Spanischen von Monika López

Das Buch der Fragen *von Pablo Neruda (es wurde 1974 nach seinem Tod veröffentlicht) enthält 333 Fragen, aufgeteilt in 74 Komplexe. Karsten Garscha schreibt im Nachwort zur deutschsprachigen Ausgabe: »Wie ein naives Kind stellt der Dichter Fragen, die die Ordnungen und Gesetzmäßigkeiten in Frage ziehen (…)« Die hier abgedruckten 27 Fragen sind eine kleine Auswahl dieser Fragen.*

Elisabeth Borchers

Was alles braucht's zum Paradies

Ein Warten ein Garten
eine Mauer darum
ein Tor mit viel Schloß und Riegel
ein Schwert eine Schneide aus Morgenlicht
ein Rauschen aus Blättern und Bächen
ein Flöten ein Harfen ein Zirpen
ein Schnauben (von lieblicher Art)
Arzneien aus Balsam und Düften
viel Immergrün und Nimmerschwarz
kein Plagen Klagen Hoffen
kein Ja kein Nein kein Widerspruch
ein Freudenlaut
ein allerlei Wiegen und Wogen
das Spielzeug eine Acht aus Gold
ein Heute und kein Morgen
der Zeitvertreib das Wunder
das Testament aus warmem Schnee
wer kommt wer ginge wieder
Wir werden es erfragen.

Christine Busta

Worte

Für Horst Fassel

Jedes Wort meint sich selber
und deutet zugleich auf andres.
Anemone – die Blume,
Anemone - das Kind.
Alle Worte sind Chiffren.

Auch wer Stein sagt, oder Kristall,
spricht von der Weltgeschichte.

Wolfgang Rudelius

Rosemarie Künzler-Behncke
Erde

Ich weiß,
daß die Erde um die Sonne kreist,
daß die Erde manchmal bebt und Lava spuckt
und kann doch mit meinen Beinen
fest auf der Erde stehen
oder auf der blanken Erde schlafen.
Wenn ich was Dummes gemacht habe,
möchte ich vor Scham in die Erde sinken.
Aber wenn ich glücklich bin,
habe ich den Himmel auf Erden.

Dieser WOLKENKRATZER *ist für Dich.*   Foto W. Rudelius

Günter Kunert
Lieder vom Fluß

I

Auch in meinem Heimatland
Rollt ein Fluß, mehr tief als breit:
Wahrheit hat ihn einst genannt
Ein weiser Mann vor langer Zeit.

Sehr beweglich ist die Wahrheit,
Und sie fließt wie jeder Fluß.
Bis zum Grund ist keine Klarheit,
Kühn, wer da hinunter muß.

Lob den Taucher und sein Glück!
Bringt er uns nur grauen Stein,
Keinen Schatz mit sich zurück,
Wollen wir doch dankbar sein.

II

Wer im Fluß wäscht sein Gesicht,
Wandelt gänzlich seine Züge,

Hebt den Hundskopf hoch zum Licht,
Doch er bellt nicht, das wär Lüge.

Einer kommt mit Schweinefresse
Aus dem Wasser wieder vor;
Triefend noch von kühler Nässe,
Ahnt er nicht, was er verlor.

III

Auf des Flusses Oberfläche
Treiben hin in festen Booten,
Kaum mehr zeigend Menschenschwäche,
ein paar amtsbeseßne Knoten.

Ihr Gehalt ist klar geregelt
Und sie nutzen jeden Wind:
Wind braucht, wer auf Wasser segelt,
Doch was macht, wer keinen findet?

Gerhard Schöne
Woher die Kinder kommen

Manchmal wollen Kinder wissen,
wie kamen sie auf die Welt.
Dann hören sie solche Märchen:
Ein Baby wächst auf dem Feld.
Manche sagen auch:
Ein Storch kam mit dir angeflogen
und legte dich ins Bettchen.
Doch das ist glatt gelogen.

Und manche Erwachsne meinen,
daß es einen Laden gibt,
wo man sich ein Baby aussucht,
bezahlt und nach Hause schiebt.
Wenn das stimmen soll,
dann möcht ich den Laden gern mal sehen,
wo die Mamas und die Papas
in langen Schlangen stehen.

Ein Kind wächst in seiner Mama
und sieht erst ganz winzig aus.
Ist es dann groß gewachsen,
dann kommt es aus ihr heraus.
Es trinkt Milch von seiner Mama,
es wird stärker und runder.
Und das ist die Wahrheit
und ist doch auch ein Wunder.

Christine Brand

Nasrin Siege

Deine Hand in meiner Hand.
Du kleine Hand.
Deine Arme um meinen Hals.
Deine Beinchen umklammern mich.
»Ich Affe und du Mutter-Affe«,
hast du gesagt.

Wolfgang Rudelius

Fredrik Vahle
Die Meeresmuschel

Die Meeresmuschel
kommt von weit her.
Jemand hat sie dir mitgebracht,
und du freust dich.
In der Muschel
hörst du es rauschen, das weite Meer.
Hinter dem Meer rauschen sieben andere Meere,
und hinter den sieben Meeren
liegt eine Insel
mit schwarzem Sand und weißen Häusern.
Vor einem Haus
steht ein großer Baum,
und neben dem Baum steht ein kleiner Junge.
Die Blätter am Baum verwandeln sich in Vögel
und fliegen davon.
Die Meeresmuschel
kommt von weit her,
hineinhören kannst du –
da klingen ... Stimmen aus Wasser
und Stimmen aus Wind
und Geschichten
von Seesternen und Mondfinsternissen
und Schiffen, die fahren ans Ende der Welt.
Die Muschel macht die Ferne nah,
du hörst sie rauschen
an allen Enden
und hältst sie
in deinen eigenen Händen.

Erwin Grosche
Die kleinen Krebse

Die kleinen Krebse haben es schwer
sie krebsen und krebsen weit aus dem Meer
dann kommt das Meer und holt sie wieder
dann kommt das Meer und holt sie wieder her

Die kleinen Krebse haben es schwer
sie krebsen und krebsen weit aus dem Meer
dann kommt das Meer und holt sie wieder
dann kommt das Meer und holt sie wieder her

Die kleinen Krebse haben es schwer
sie krebsen und krebsen weit aus dem Meer
dann kommt das Meer und holt sie wieder
dann kommt das Meer und holt sie wieder her

Die kleinen Krebse haben es schwer
sie krebsen und krebsen weit aus dem Meer
dann kommt das Meer und holt sie wieder
dann kommt das Meer und holt sie wieder her

und so weiter

Christine Brand

Helga Glantschnig
Meerschwein und Meerschwein

Mehr, mehr! ruft das Meerschwein.
Was willst du mehr? Mehr Moos?
Mehr Mus? Mehr Mut? Mehr Mann?
Jaja, mehr Mann will ich. Komm
her! Sonst treib ich dich ins
Meer. Ab jetzt bekommst du mehr.
Mehr Schwein und auch mehr Meer.
Sehr sogar, sehr viel meeehhhrr!

Erwin Moser
So im Schatten liegen möcht ich

So im Schatten liegen möcht ich
und den Vögeln zusehen,
wie sie mit dem Wind ihre
Pfeilspiele treiben.
In die weißen Wolken schaun
und sie bei ihren
Verwandlungskünsten ertappen.

So im Schatten liegen möcht ich
und eine Raupe bei ihrem
Mittagessen betrachten
und ihre Borsten zählen.
Die zitternden Grashalme ansehn
und beobachten,
wie sie ihre Samen fallen lassen.

So im Schatten liegen möcht ich
und spüren,
wie mir die Sonne
an den Beinen hochklettert.
Zusehn,
wie sich die Katze
gründlich wäscht,
und versuchen,
ob ich aus ihrer Sicht
die Welt betrachten kann.

Jürg Schubiger
Herbstgedicht

Ich schreibe dir ein Herbstgedicht
von überreifen Birnen.
Um Äpfel, Zwetschgen geht es nicht:
Dies ist ein reines Birngedicht,
so tief im Laub und gelb im Licht,
so schwer, daß hier die Zeile bricht.

Karin Voigt

greenpeace – grüner frieden

ich tischlere einen stuhl
den stell ich auf den tisch
ich schaukle auf und nieder
und singe meinem fisch
die neusten greenpeace-lieder

er sagt ich soll nicht lügen
das wasser wäre rein
doch hat er pocken auf der haut
kann nicht mehr singen nicht mehr schrein

ich habe ihn begraben müssen
den fisch mit seinen pocken
das wasser voller algenkrause
das machte maßlos ihn erschrocken

im bett da riecht es nun nach fisch
ich werd mein bett zerschlagen
will jemand noch mit fischen spielen
der sollte vorher greenpeace fragen

das ist der grüne frieden
der sei dem fisch und uns beschieden

Ernst Jandl

der erfolg

der erfolg macht manchen groß
indem er ihn in die welt bringt
und ihm geld bringt
alle werden aufmerksam auf ihn
er geht hin und kauft sich alles
und am ende ist er hin

R. S. Berner

Walther Petri
Alle Wörter

alle Wörter auf Erden
mussten erfunden werden
später geschah es
dass einer sie schrieb
wie sie entstanden
geheimnisvoll blieb

wer sprach etwas vor
was sprach sich herum
wie einigten sich die Leute
niemand kann das erklären
bis heute

Philip Waechter

Fredrik Vahle
Kreisen, kreisen
Ein Gedicht, bei dem man sich auch bewegen kann!

Kreisen, kreisen mit den Armen,
kreisen Mond und Sonne mit.
Langsam kreisen mit dem Kopf
tief und traurig bis nach unten …
Seitwärts über eine Schulter
spüre ich die eigne Nähe.
Kopf im Nacken blick ich staunend
zu dem weiten Himmel hoch.
Sonne, Wolken, Mond und Sterne
schau ich in die fernste Ferne.
Dreh ich auf der Schulter weiter
und hinab, da ist die Nähe
von der großen runden Erde,
die mit mir durchs Weltall fliegt,
während ich mit beiden Beinen
und sehr ruhig auf ihr stehe.

Peter Hacks
Der blaue Hund

Geh ich in der Stadt umher,
Kommt ein blauer Hund daher,
Wedelt mit dem Schwanz so sehr,
Nebenher,
Hinterher
Und verläßt mich gar nicht mehr.

Wedelt mit den blauen Ohren,
Hat wohl seinen Herrn verloren.

Jürg Schubiger
Wind und Wetter

Es regnet, es regnet,
mir ist ein Fisch begegnet,
es windet, es windet,
der nicht nach Hause findet.

Es schneit, es schneit,
der Christbaum steht bereit.
Es friert, es friert,
er ist noch nicht verziert.

Es dunkelt, es dunkelt,
ein kleines Flugzeug funkelt.
Es fliegt, es fliegt
und weiß, wo Oslo liegt.

Es taut, es taut,
das Wetter ist heut laut.
Es rauscht, es rauscht,
auch ich bin wie vertauscht.

Es luftet, es luftet,
die Wiese summt und duftet.
Es sprießt, es sprießt,
wer Schnuppen hat, der niest.

Es blitzt, es blitzt,
ein Sperling sinnt und sitzt.
Es tropft, es tropft,
sein Herz und meines klopft.

Christine Brand

Verena Ballhaus

Fritz Deppert
Heuschnupfenkind

ich komm im Frühsommer zu Dir,
ich schreib Dir keinen Roman,
ich schreib Dir Blumen auf Papier,
schreibe Mohn, blühend und rot,
wilde Malve und Löwenzahn.
Leg sie unters Kissen zum Hasenbrot
oder stecke sie in deine Mütze
bis zum Sommerkehraus.
Wenn sie welken, mach Schiffchen draus;
sie ertrinken in einer Winterpfütze.
Heuschnupfenkind,
ich komm im Frühsommer zu Dir
und schreibe Dir Blumen auf Papier.

Shel Silverstein

Der Bär, das Feuer, der Schnee und der Bach

»Ich lebe in Angst vor dem Schnee«, sprach der Bär.
»In meinem Lebensplan stellt er sich quer.
Er tut weh und ist kalt,
Wenn man Bär ist und alt.
Ich lebe in Angst vor dem Schnee.«

»Ich lebe in Angst vor dem Feuer«, sprach der Schnee.
»Feuer ist mir nicht geheuer.
Gelb lecken die Flammen,
Und ich zuck zusammen.
Ich lebe in Angst vor dem Feuer.«

»Ich lebe in Angst vor dem Bach«, sprach das Feuer.
»So ein Bach –, und ein Feuer fällt flach.
Denk ich, wie naß
Es ist, seh ich blaß
Aus. Aus Angst vor dem Bach.«

Franziska Biermann

»Das Schlimmste«, sprach der Bach, »weit und breit
sind die Bären, und zwar jederzeit.
Mit einem einzigen Schluck
Saufen sie leer mich ruckzuck.«
Und der Bär sprach: »Pfui Deibel, es schneit.«

Aus dem Amerikanischen von Harry Rowohlt

Bertolt Brecht

Der Rauch

Das kleine Haus unter Bäumen am See.
Vom Dach steigt Rauch.
Fehlte er
Wie trostlos dann wären
Haus, Bäume und See.

Werner Bergengruen
Wiegenlied für meinen Sohn

Schlafe schlafe ein.
Haus und Welt sind dein.

Bunte Bilder an den Wänden,
Ringe, noch an meinen Händen,
schöngeschnittener Stein –
schlafe schlafe ein.

Schreibtisch voll geheimer Fächer,
langvererbte Silberbecher,
Kreuz von Elfenbein –
schlafe schlafe ein.

Königliche Wundertiere,
Phönix, Greifen, Flügelstiere,
Einhorn, silberrein –
schlafe schlafe ein.

Frühlingsäcker, aufgerissen,
Wiesen, trunken von Narzissen,
hirtliche Schalmein –
schlafe schlafe ein.

Mondenhorn und Rautenblüte,
Brunnenglanz und Gartengüte,
gelber Mittagsschein –
schlafe schlafe ein.

Schwalben, die zu Neste kehren,
Käfer auf beglänzten Beeren,
goldgeflügelt, klein –
schlafe schlafe ein.

Harz aus guter Fichtenrinde,
Bienen um die Honiglinde,
Sommerzauberein –
schlafe schlafe ein.

Ölbaumsilber, Traubenhänge,
prallgeschwelltes Fruchtgedränge,
wilder schwarzer Wein –
schlafe schlafe ein.

Ungeheure Sternennächte,
Wintermoos und Rentierflechte,
weißes Weihnachtsschnein –
schlafe schlafe ein.

Rot und goldne Wolkenränder,
Glockentürme, blaue Länder,
Tiber, Düna, Rhein –
schlafe schlafe ein.

Inseln, grüne Wellenschluchten,
braune Segel, Bernsteinbuchten,
Gischt und Möwenschrein –
schlafe schlafe ein.

Pforten, die Geheimnis wahren,
Wagen, die in Abend fahren,
letzte Häuserreihn –
schlafe schlafe ein,

Alles das ist dein.
Schlafe schlafe ein.

Alle Welt ist dir verheißen.
Atmen! Trinken! Andichreißen!
Und Vorübersein –
schlafe schlafe ein!

Eva Häfliger

Wolfgang Mennel

Das Wunschlied der roten Farbe

Tunk mich unter Wasser
Mach mich naß und nasser
Schmier mich an die Wand
Verreib mich in der Hand
Verspritz mich durch ein Sieb
Saug mich auf mit einem Schwamm
Quetsch mich aus der Tube
Kratz mich aus dem Napf
Mische mich mit Schwarz und Weiß
Mal mich kreuz und mal mich quer
Wisch mich hin und wisch mich her
Mach mit mir, was du willst –
aber mach was mit mir!

Christine Brand

Wilfrid Grote

Schuh und Eier

Schuh und Eier unterm Stein
auf den Bäumen Hühnerklein
Schäfchenwolken tief im See
Fische schwimmen durch den Schnee

   kopf steht, was kopfstehen kann
   morgen sind die Sterne dran

Geht die Sonne abends auf
fließt der Fluß den Berg hinauf
kocht im Suppentopf die Acht
macht der Mond den Tag zur Nacht

Läuft ein Mensch auf Händen rum
lachen sich die Schuhe krumm
schlägst du Eier in den Schuh
hast du endlich deine Ruh

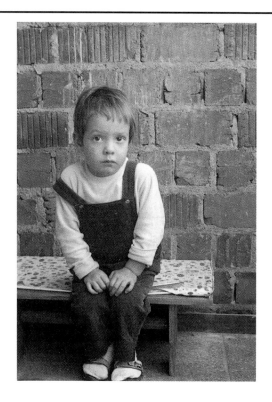

Josef Guggenmos
Glück

Wir saßen,
wir standen auf,
gingen;
wir stiegen ein,
fuhren
und kamen an.

Wir legten an
mit unserm Kahn
an einer Felseninsel.
Die Insel war klein,
doch mit Buschwerk, Gestein
eine Urwelt für uns ganz allein.

Sigrun Casper
Die anderen und ich

Wer falsch ist, macht mich unsicher
Wer gerne lacht, kriegt mein Herz
Wer nachdenkt, lässt mich Fragen stellen
Wer oft traurig ist, das bin ich.

Wer schweigt, dem lausch ich mit der Haut
Wer schwätzt, da fällt mir nichts ein
Wer die Welt noch in einer Pfütze erfasst
Wer frisst, faucht und kratzt, das bin ich.

Wer mich schön findet, der hat den zweiten Blick
Wer den Clown sieht, muss auch einer sein
Wer mich aufbläht, dem spuck ich vor dic Tür
Wer mich ernst nimmt und grinst, das bin ich.

Wer wartet schon, bis ich mich umdreh zu ihm
Wer kennt mehr von mir, als ich erlaube
Wer zeigt mir endlich, was ich kann
Wer so dumm fragt, das bin ich.

Sarah Cantor
Gefühle

Ich erinnere mich, wie ich mich fühlte.
Ich weiß, wie ich mich fühlen sollte
und wie ich mich fühlen will.

Aber die Wahrheit ist, ich fühle nichts.
Du sagst, du verstündest meine Gefühle.
Aber wie kannst du das, wenn ich
sie nicht einmal kenne.

Aus dem Amerikanischen von Jürg Amann

Joachim Ringelnatz
Eltern denken über Kinder nach

Das ist ein schönes Spiel für Mädchen und Knaben:
Wenn man Papierschnipsel aus dem Papierkorb nimmt
Und Briefe, die die Eltern zerrissen haben,
Wieder zusammensetzt, bis der Inhalt stimmt.

Da könnten wir Kinder weinen und lachen,
Wenn wir aus dem Geschreibsel ersehn,
Was unsre Eltern sich törichte Sorgen machen
Um unser künftiges Wohlergehn.

Da schreibt z. B. ein Papa
An eine Mama:

»Soll unser Kind dumm bleiben?
Damit es glücklich und leicht
Durchs Leben geht? Soll man es treiben
Lassen? Ohne die Hoffnung, daß es erreicht,
Was wir für des Kindes Zukunft als Ziel
Bestimmt haben? – – Wir fragen zu viel,
Anstatt, daß wir fromm leben
Und unsere Kinder so wachsen lassen,
Daß sie eines Tages frei erfassen,
Welche Vorbilder wir ihnen gegeben.«

Streichholzschachtelbild von Thomas Müller

Streichholzschachtelbilder von Axel Scheffler

Gerald Jatzek
Die Kinder mit dem Plus-Effekt

Auf einer Haushaltsmesse wurden kürzlich
die idealen Kinder vorgestellt:
Sie sind mit Garantie sehr leicht zu pflegen,
knitterfrei und waschmaschinenfest.

Sie tragen stets nur blütenweiße Kleider,
wie man sie aus den Werbefilmen kennt.
Sie reißen in die Strümpfe keine Löcher,
das kommt von ihrem Stillhaltetalent.

Sie schreien nicht, sie flüstern stets verhalten,
statt widerborstig sind sie kuschelweich.
Ihr Lieblingswort ist selbstverständlich »danke«,
wenn man sie ruft, dann folgen sie stets gleich.

Sie spielen nicht, sie üben auf der Geige,
sie trocknen das Geschirr mit Freude ab.
Wenn man sie streichelt, schnurren sie bloß leise,
und hat man keine Zeit – dreht man sie ab:

Denn sie sind ziemlich einfach zu ernähren,
am Rücken ist ein Stecker angebracht.
Den schließt man mittels Kabel an den Stromkreis,
das lädt die Batterien auf über Nacht.

William Carlos Williams
Nur damit du Bescheid weißt

Ich habe die Pflaumen
gegessen
die im Eisschrank
waren

du wolltest
sie sicher
fürs Frühstück
aufheben

Verzeih mir
sie waren herrlich
so süß
und so kalt

Übertragen von Hans Magnus Enzensberger

Paul Maar
Mitten in der Nacht

Keine Ahnung, wo ich bin.
Nichts als Dunkel um mich her.
Wie im Bauch von einem Fisch
meilentief im Schwarzen Meer.

Lebt noch jemand außer mir?
Oder bin ich ganz allein!
Diese Stille. Dieses Dunkel.
Gleich beginne ich zu schrein.

Da entdeck ich in der Schwärze
einen schmalen Strich aus Licht.
Das ist meine Zimmertüre!
Alles klar, ich schreie nicht.

Wolfdietrich Schnurre
Wahrheit

Ich war vierzehn, da sah ich,
im Holunder aß eine Amsel
von den Beeren der Dolde.

Gesättigt, flog sie zur Mauer
und strich sich an dem Gestein
einen Samen vom Schnabel.

Ich war vierzig, da sah ich,
auf der geborstnen Betonschicht
wuchs ein Holunder. Die Wurzeln

hatten die Mauer gesprengt;
ein Riss klaffte in ihr,
bequem zu durchschreiten.

Mit splitterndem Mörtel
schrieb ich daneben: »Die Tat
einer Amsel.«

Hans Debray
Wenn

Wenn du ein Wolf bist,
wirst du mich fressen?

Wenn du ein Pferd bist,
wirst du mich tragen?

Caroline Ronnefeldt

Wenn du ein Wurm bist,
werd ich dich treten?

Wenn du ein Rätsel bist,
werd ich dich lösen?

F. W. Bernstein

Mein Lieblingserlöser

Die Welt wird immer böser.
Ich brauche siebzehn Erlöser,
und einer davon bist Du,
Winnie the Pooh.

Du bist im Reiche des Geistes
einer der Kleinsten. Du weißt es,
ich verehre Dich sehr,
Pu der Bär.

Du bist einer der Größten
von allen, die mich erlösten.
Only you,
Winnie the Pooh.

Erlösest mich stets aufs neue.
Wie ich mich darauf freue.
Pu der Bär,
habe die Ehr'.

Streichholzschachtelbild von
Philip Waechter

Jürgen Spohn

Ein Nasenhuhn

ein Nasenhuhn
ein Nasenzwerg
ein Nasenschwein
die gründeten
einen Verein

und als da kam
ein Ohrentier
da riefen sie:
»was willst du hier?«

ein Ohrenhuhn
ein Ohrenzwerg
ein Ohrenschwein
die gründeten
einen Verein

und als da kam
ein Nasentier
da riefen sie:
»was willst du hier?«

Ernst Jandl

ein schulmädchen

die ferien sind alle
die schule ist die falle
ich bin die kleine maus
der lehrer sieht wie käse aus

Wolfgang Rudelius

Martin Auer
Unnützes Gedicht

In der ersten Zeile steht nicht viel drin,
die zweite Zeile gibt wenig Sinn,
die dritte ist irgendwie drangeleimt,
und die vierte steht nur da, damit es sich reimt.

Die fünfte ist eigentlich überflüssig,
die sechste zu lesen, ist vollkommen müßig,
die siebente Zeile ist auch kein Genuß.
Doch zum Glück: Nach der achten Zeile ist Schluß!

Christine Brand

Foto Jellymountain

Norbert Höchtlen

Wahnsinnig verliebt

Einerseits will ich es dir
mit einem Flugzeug
an den Himmel schreiben,
andererseits will ich es dir
nur unter der Bettdecke
in dein Ohr flüstern.

Jedenfalls schreibe ich dir
einen wunderschönen Brief
und lege ihn in den Kühlschrank,
damit er schön frisch bleibt.

Heinz J. Zechner

Telefon *

Da läutet das Telefon.
Ich stürze aus meinem Zimmer –
renne über die Stiege –
krache ins Wohnzimmer –
reiße den Hörer von der Gabel –
keuche dir entgegen:
Ja?
Oh, hallo Oma!

---

* Aus der Schreibwerkstätte für Kinder! Dieses
»Telefongedicht« wurde durch ein Gedicht von
Peter Turrini angeregt: »Wenn du mich anrufst /
läutet das Telefon. / Die Lampe läutet./ Der Ofen
läutet. / Das Zimmer läutet. / Die Aussicht vor
meinem Fenster läutet./ Es läuten die Glocken der
Befreiung / vom Warten.«

Michail Krausnick

Pausenliebe

Frank liebt Anne.
In der Pause,
Als er Anne sieht,
Weiß er nicht, wie ihm geschieht:
Plötzlich im Vorübergehn
Lässt er sich ein Lächeln stehn.

Anne streicht ihr Haar zurück,
Schenkt ihm einen Augenblick.
Später an der Haltestelle
Stupst ihn Anne blitzeschnelle
Heimlich im Vorübergehn
Grade so – wie aus Versehn.

»Aua!« – denkt sich Frank im Bus,
»Autsch! Das war ja fast ein Kuss!«
Und er freut sich, kaum zu Hause,
Auf die nächste große Pause.

Nora Clormann-Lietz

Was zum Kuss gehört

Wimpernklimpern
Augenglänzen
Lächeln
Händchenhalten
Streicheln
Herzbumpern
rote Ohren
Wonnerieselrückenschauer
Kribbeln
bisschen schwitzen
unruhig sitzen
glücklich sein

Simone Klages

Christine Nöstlinger

Rechenaufgabe unter Tränen

$3 + 4 = 7$
Du hast mir einen Brief geschrieben.
$7 + 1 = 8$
Der hat mich traurig gemacht.
$8 + 2 = 10$
Willst mich nicht wiedersehn.
$10 - 6 = 4$
Es liegt dir nichts an mir.
$4 - 1 = 3$
O. K., ich gebe dich frei!
$3 - 2 = 1$
Aber Glück wünsch ich dir keins!

Josef Guggenmos
Man findet ihn nicht überall

Man findet ihn nicht überall,
den schön gewachsnen Bergkristall.

Hoch oben, zwischen Felsgeröll
liegt einer, einsam, bergbachhell.

Schon hundert Jahre liegt er hier.
Des Weges kommt ein Murmeltier.

Es schaut nur kurz mal hin und spricht:
»Pfff!« Ja, so sagt's. Deutsch ist das nicht.

Der Bergkristall, er liegt noch dort.
Gelangten wir an diesen Ort,

wir hielten an, wir riefen froh
das kurze deutsche Wörtlein: »Oh! «

Fritz Senft
Die Fliege

In meiner Faust sitzt eine Fliege,
die hat mich gestört,
die hat mich empört.
Nun sitzt sie da drinnen
erhascht und gefangen
mit brummelndem Bangen,
und wenn ich wollte –
Doch nein, auch sie hat das Recht
ein wenig zu leben.
Ich öffne das Fenster,
da taumelt sie schon
durch den apfelduftenden
Abend davon.

Hans Arp

Der Sehmann

Der schönste Beruf
ist der eines Sehmannes
eines Mannes der in das Sehen
unsterblich verliebt ist.
Der Beruf eines Seemannes
also eines Mannes der in See sticht
der Beruf eines Seefahrers
ist auch nicht schlecht
aber kann dem des Sehmannes
nicht das Wasser reichen.
Der Sehmann sticht mit seinen Blicken
nicht nur in das Wasser
sondern auch in das Feuer in die Erde in die Luft.
Der Sehmann sticht Blicke
sticht Sternenküsse in den Himmel.
Tag und Nacht
küssen seine Augen die Traumtiefen.
Nicht einmal von den Märchenkapitäninnen
die in ihren Märchenschiffen
Lichtanker Lichtblicke Lichtpunkte
Hoffnungsstrahlen
mit sich führen
läßt er sich beirren.

Michele Lemieux

Gerhard Schöne

Bedauerlicher Zwischenfall

Steffi kommt grad aus der Schule,
will den Hinterhof überquern,
guckt verträumt in die Luft
und bleibt stehen vor Schreck,
denn am Dachrand steht die kleine Frau Kaminsky.

Sie ruft: »Steffi, geh da weg!«
und dann springt sie auch schon los.
Steffi hört nur einen Schrei und dann ein Klatschen.
Es ist lange, lange still. Endlich kommen Leute raus.
Steffi sitzt auf ihrem Ranzen und muß weinen.

Später hält ein Krankenwagen.
Frau Kaminsky wird weggebracht.
Alle Leute im Hof
stehen ratlos herum.
Jemand sagt: »Die hätte in ein Heim gehen sollen.«

»Sie war doch schon so verkalkt. Und man kannte sich kaum,
aber schließlich wohnte man ja Tür an Türe.«
Deshalb kann jetzt keiner gehen. Deshalb drucksen alle rum.
Steffi sitzt auf ihrem Ranzen und muß weinen.

Herr Kunze sagt: »Das arme Luder!«
Und Frau Tröger sagt: »Ach Gottchen, nein!
Hätte man das gewußt, daß sie so etwas macht,
hätte man natürlich was unternommen.«

Jemand sagt: »Hier sieht man noch, wo sie aufgeschlagen ist!«
Herr Valenta sagt: »Ich werde mich drum kümmern.
Ich hole einen Eimer Sand, dann sieht man davon nichts mehr.«
Steffi sitzt auf ihrem Ranzen und muß weinen.

Und dann wirft man Sand darauf. Und dann wischt man sich den Schweiß.
Und man sagt: »Das Leben muß ja weitergehen!«
Und Frau Tröger fragt Frau Schmidt, was sie Sonntag kochen will.
Steffi sitzt auf ihrem Ranzen und muß weinen.

Christine Nöstlinger
Abendgebet

Herrgott, allmächtiger,
wie teilst Du das bloß ein?
Wer darf ein Weißer,
wer muß ein Schwarzer sein?
Wen machst Du arm,
wer kriegt in Masse Moneten?
Wer wird ein Graf,
wen machst Du zum Proleten?
Wen läßt Du lang auf Erden,
wen holst Du Dir bald zurück?
Wen ersäufst Du im Elend,
wen verwöhnst Du mit Glück?

Ob das bei Dir wohl
nach einem genauen Plan geht?
Oder ob das
in fernen Galaxien in einem Stern steht?

Sag bloß nicht,
Du mischst Dich da gar nicht ein.
Ein Allmächtiger
darf nicht so gleichgültig sein!

Erwin Grosche
Abschiedsbrief der Frau Schmidt
Von ihrem jüngsten Sohn gefunden

2 Brötchen
100 Gramm Gouda Käse, vollfett am Stück
2 Becher Bauer Fruchtjoghurt
1 Strothmann Weizenkorn
1 Rolle Klopapier
500 Gramm Sanella
100 Gramm Kalbsleberwurst
1 Seife FA

Christina Zurbrügg

Einmal

Einmal
verwandle ich mich in ein Tier,
das hüpft wie ein Frosch,
schleicht wie eine Schnecke
und rennt wie ein Reh.
Ich habe die Augen von einem Uhu
und kann den Kopf
drehen wie ein Falke.
Ich grabe mich wie eine Raupe tief
in die Erde
und lasse mich an einem Faden
vom Wind durch das Land tragen.
Ich werde Räder schlagen
wie ein Pfau,
gurren wie eine Taube
und krächzen wie ein Rabe.
Und einmal kommt der Jäger,
und der trifft mich nicht.

Christine Brand

Christine Nöstlinger

Karpfenschuppe

Wenn man sie gegen das Licht hält
und ein Sonnenstrahl auf sie fällt,
dann gibt es nichts auf der Welt,
was schöner wär!
Aber meine Mutter hat keine Augen,
die für das Wunderbare taugen.
Sie sieht nicht,
wie's funkelt, glitzert und blinkt.
Sie schnüffelt bloß:
Scheußlich, wie das wieder stinkt!

Nazif Telek
Sesamring-Verkäufer

Einige Kinder sind Schuhputzer
von morgens bis abends.
Einige sind Sesamring*-Verkäufer
auf den Straßen.
Einige sind Schneiderhelfer
in Schweiß gebadet bei der Arbeit.
Einige sind Teppichweber,
auch wenn sie krank sind.
Einige sind verkauft worden
für die Lust einiger Leute.
Welche sind Obstpflücker
in heißen Obstfeldern.
Einige sind im Krieg,
können gar nicht spielen.
Einige Kinder sind gestorben,
denn sie hatten nichts zu essen.
Einige haben von allem zu viel.

* Brotring mit Sesamkörnern

Karola Heidenreich
Auf dürrem Ast

Mir ist kalt geworden
sagte der Mond
Mir ist kalt geworden
sagte das Kind
Mir ist kalt
und die Sterne ragen
spitz aus der Nacht
Fürchterlich aufgeblasen
hustet der Winter
auf dürrem Ast

Günter Kunert

Wie ich ein Fisch wurde

1

Am 27. Mai um drei Uhr hoben sich aus ihren Betten
Die Flüsse der Erde, und sie breiteten sich aus
Über das belebte Land. Um sich zu retten
Liefen oder fuhren die Bewohner zu den Bergen raus.

2

Als nachdem die Flüsse furchtbar aufgestanden,
Schoben sich die Ozeane donnernd übern Strand,
Und sie schluckten alles das, was noch vorhanden,
Ohne Unterschied, und das war allerhand.

3

Eine Weile konnten wir noch auf dem Wasser schwimmen,
Doch dann sackte einer nach dem andern ab.
Manche sangen noch ein Lied, und ihre schrillen Stimmen
Folgten den Ertrinkenden ins nasse Grab.

4

Kurz bevor die letzten Kräfte mich verließen,
Fiel mir ein, was man mich einst gelehrt:
Nur wer sich verändert, den wird nicht verdrießen
Die Veränderung, die seine Welt erfährt.

5

Leben heißt: Sich ohne Ende wandeln.
Wer am Alten hängt, der wird nicht alt.
So entschloß ich mich, sofort zu handeln,
Und das Wasser schien mir nicht mehr kalt.

6

Meine Arme dehnten sich zu breiten Flossen,
Grüne Schuppen wuchsen auf mir ohne Hast;
Als das Wasser mir auch noch den Mund verschlossen,
War dem neuen Elenent ich angepaßt.

7

Lasse mich durch dunkle Tiefen träge gleiten,
Und ich spüre nichts von Wellen oder Wind,
Aber fürchte jetzt die Trockenheiten,
Und daß einst das Wasser wiederum verrinnt.

8

Denn aufs neue wieder Mensch zu werden,
Wenn man's lange Zeit nicht mehr gewesen ist,
Das ist schwer für unsereins auf Erden,
Weil das Menschsein sich zu leicht vergißt.

Michele Lemieux

Rose Ausländer
Als wäre

Gott
sagt der Mensch
als wäre er
ein Richter
säße im siebten Himmel
seine Aufgabe
Menschen zu verurteilen
oder zu belohnen

Dieser kleinliche Gott
vom Menschen erschaffen

Als wäre nicht
der Mensch
ein Pünktchen auf Erden
die Erde ein Pünktchen
im endlosen Raum
unter unendlichen Welten
die der Mensch
sich nicht einmal
vorstellen kann

Helga M. Novak

Schuhe

armer Mann wo bist du
ich seh nur deine Schuhe
voller Wüstensand
sehe deine Schuhe
und tausend andre Schuhe
voller Sand und ohne Mann
armer Mann wo bist du
wer hat dich vom Holzpflug
wer hat dich vom Wasserrad
weggerufen um dich
in den Krieg zu schicken
armer Mann den du erschießt
der ist immer auch
ein armer Mann
laß die Reichen lachen
laß die Reichen weinen
laß sie auf den Konferenzen
Taktik üben
armer Mann wo bist du
ich seh nur deine Schuhe
voller Wüstensand
und die Zeitungsleser
in den andern Ländern lachen
daß sie nicht in deine
heißen Schuhe müssen

Lino Fastnacht

Rose Ausländer

Die Götter

Die Götter
ja wußten sie
was uns not tut

Sie schenkten uns
was sie erfanden
Feuer Wasser Luft
die arglose Erde

Es war zuviel

Wir stecken die Erde in Brand
Rauch verpestet die Luft
Luftwolken fallen ins Wasser
es tränkt uns
mit Gift

Die Götter zogen sich zurück
in den unnahbarsten Himmel

Ernst Jandl

im schlaf

er traf einen baum.
er baute darunter sein haus.
er schnitt aus dem baum
einen stock heraus.
der stock wurde seine lanze.
die lanze wurde sein gewehr.
das gewehr wurde seine kanone.
die kanone wurde seine bombe.
die bombe traf sein haus und riss
den baum an den wurzeln aus.
er stand dabei und staunte,
aber auf wachte er nicht.

Gerda Weiss (8 Jahre)

Hanns Dieter Hüsch
Kinderlied

Oslo am Niger
Zürich am Don
Madrid an der Elbe
Bern an der Wolga
Berlin am Missouri
Peking am Main
Ja, welcher Atlas
Ja, welcher Atlas
Könnte wohl schöner sein?

R. S. Berner

Am Amazonas liegt Budapest
Und an der Moldau ein Moselnest
Prag an der Mosel
Und Rio am Nil
Welch ein fantastisches, friedliches Spiel!

Am Mississippi liegt Amsterdam
Und an der Amstel nun Tel Aviv
Köln an der Weichsel
Und Kairo am Belt
Welch eine neue, artistische Welt!

Wien an der Themse
London am Tiber
Paris an der Donau

Rom an der Seine
Bonn am »Entweder«
Warschau am Rhein
Ja, welcher Atlas
Ja, welcher Atlas
Könnte wohl schöner sein?

Hanoi liegt am Ganges
Saigon liegt am Po
Doch leider ist die Lage nicht so
Daß wir dies Lied fröhlich
    beschließen
Denn was dort fließt, nennt man
    Blutvergießen.

Oslo am Niger
Zürich am Don
Madrid an der Elbe
Und an der Maas liegt Lissabon
Berlin am Missouri
Und Moskau am Main
Ja, welcher Atlas
Ja, welcher Atlas
Könnte wohl schöner sein?

Paul Maar
Zukunft

Die Zukunft kommt
schon morgen früh?
Kann man die nicht verschieben?
Ich wär so gern
und zwar mit dir
im Heute hier geblieben.

Wolf Biermann
Wann ist denn endlich Frieden

Wann ist denn endlich Frieden
In dieser irren Zeit
Das große Waffenschmieden
Bringt nichts als großes Leid

  Es blutet die Erde
  Es weinen die Völker
  Es hungern die Kinder
  Es droht großer Tod
  Es sind nicht die Ketten
  Es sind nicht die Bomben
  Es
    ist ja der Mensch
      der den Menschen bedroht

Die Welt ist so zerrissen
Und ist im Grund so klein
Wir werden sterben müssen
Dann kann wohl Friede sein

  Es blutet die Erde
  Es weinen die Völker
  Es hungern die Kinder
  Es droht großer Tod
  Es sind nicht die Ketten
  Es sind nicht die Bomben
  Es
    ist ja der Mensch
      der den Menschen bedroht

Thomas Rosenlöcher
Gartenarbeit

Dem Birnbaum Mut zureden.
Gras wachsen lassen, wo es wächst.

Peter Härtling
Versuch, mit meinem Sohn zu reden

Ich wollte dir erzählen,
mein Sohn,
im Zorn
über deine scheinbare
Gleichgültigkeit,
über die eingeredete Fremde
zwischen uns,
wollte ich dir erzählen,
zum Beispiel,
von meinem Krieg,
von meinem Hunger,
von meiner Armut,
wie ich geschunden wurde,
wie ich nicht weiterwußte,
wollte dir
deine Unkenntnis
vorwerfen,
deinen Frieden,
deine Sattheit,
deinen Wohlstand,
die auch
die meinen sind,
und während ich schon redete,
dich mit Erinnerungen prügelte,
begriff ich, daß
ich dir nichts beibrächte

als Haß und Angst,
Neid und Enge,
Feigheit und Mord.
Meine Erinnerung ist
nicht die deine.
Wie soll ich
dir das Unverständliche erklären?
So reden wir
über Dinge,
die wir kennen.
Nur wünsche ich
insgeheim,
Sohn, daß du, Sohn,
deinem Sohn
deine Erinnerung
nicht verschweigen mußt,
daß du
einfach sagen kannst:
Mach es so
wie ich,
versuche zu kämpfen,
zu leben,
zu lieben
wie ich,
Sohn.

Rudolf Otto Wiemer
Drei Wörter

Gehen, Fliehen, Nirgendsbleiben
sind drei Wörter, leicht zu schreiben.
Aber wen es trifft,
trägt schwer an solcher Schrift.

Alfred Andersch

Bewegliche Hinterlassenschaft des Bauern Jean Sabatier aus Donneville (Toulousain), gestorben am 22. Oktober 1402

3 leere fässer
5 gute leere bottiche
3 leere bottiche in schlechtem zustand
1 badezuber aus holz
2 kufen aus holz
1 leeres fäßchen aus holz
1 weinfäßchen für 56 liter
1 kleines tischtuch in schlechtem zustand
1 axt aus eisen
1 winzermesser aus eisen
1 truhe
1 sieb
1 gestell für ölflaschen aus ton
1 stückfaß aus holz
1 kupferner kochkessel   groß   mit sprung
1 wassertopf für vier liter   mit sprung
1 wassertopf für ein viertel liter ohne deckel
1 hacke aus eisen
1 pflugschar und 1 pflugmesser
2 pflüge und 1 joch aus holz
1 eiserner ring der die deichsel ans joch bindet
1 korb zum obstpflücken in schlechtem zustand
2 feder-kopfkissen
2 kleine federkissen
3 leintücher aus 2 stoffstücken genäht und angebrannt
1 wolldecke in schlechtem zustand
2 kämme um leinen zu kämmen
verschiedene dreifüße aus eisen
2 messer   6 näpfe   2 satten aus holz

Günter Eich

Inventur

Dies ist meine Mütze,
dies ist mein Mantel,
hier mein Rasierzeug
im Beutel aus Leinen.

Konservenbüchse:
Mein Teller, mein Becher,
ich hab in das Weißblech
den Namen geritzt.

Geritzt hier mit diesem
kostbaren Nagel,
den vor begehrlichen
Augen ich berge.

Im Brotbeutel sind
ein Paar wollene Socken
und einiges, was ich
niemand verrate,

so dient es als Kissen
nachts meinem Kopf.
Die Pappe hier liegt
zwischen mir und der Erde.

Die Bleistiftmine
lieb ich am meisten:
Tags schreibt sie mir Verse,
die nachts ich erdacht.

Dies ist mein Notizbuch,
dies meine Zeltbahn,
dies ist mein Handtuch,
dies ist mein Zwirn.

1948

Zum Gedicht »Inventur«

Das Gedicht wurde geschrieben, als die Großeltern der heutigen Kinder noch selber Kinder oder junge Leute waren. Der Krieg war zu Ende, und nun kehrten die Männer heim aus den Stacheldrahtkäfigen der Gefangenenlager in Texas und Cornwall, aus den Kohlegruben Nordfrankreichs und den Holzfällerlagern Sibiriens. Sie sollten die Welt erobern, und dann war alles in Scherben gefallen, und jetzt standen sie auf den Bahnhofsvorplätzen und rieben sich die Augen: Trümmer ringsum, ausgeglühte Hausskelette, die Straßen unter Backsteingeröll vergraben, Wohnungen in Kellerlöchern. Und dann das Schlangestehen für Lebensmittelmarken und Zuzugsgenehmigungen, für den halben Liter Magermilch und die 125 Gramm feuchtes Brot. Und Schwarzhändler hinter den Mauern: die Ami-Zigarette für fünf Mark, Weizenmehl für den Goldring, Butter für ein Ritterkreuz. Im Laden an der Ecke – kein Schaufenster mehr, aber ein Guckloch in der Bretterwand – verkauften sie Kochtöpfe aus Stahlhelmen, Kannen aus Gasmaskenbehältern, Aschenbecher aus Granaten. Und da hockt einer von denen, die davongekommen sind, und mustert seinen Besitz. Das also ist sein Inventar: Mütze und Mantel und Socken, Rasierzeug, die Konservenbüchse als Vielzweckbehälter, der Nagel und – sein Name! Die Pappe als Matratze, die Zeltbahn als Zudecke und das, was nicht verraten wird: ein Foto? ein Brief? ein Granatsplitter von damals, ein Beutelchen Erde? Schließlich, ganz wichtig, die Bleistiftmine. Die hält fest, was nicht vergessen werden darf, die schreibt Gedichte wie dieses. Aber dann – tüchtig waren sie ja, seine Landsleute, und ungeheuer fleißig – war doch alles so schnell vergessen. In wenigen Jahren baute man die Häuser wieder auf, auch Fabriken, Kaufhäuser, Kasernen. Bald gab es wieder Autos, Kühlschränke, Waschmaschinen. Zu essen gab es in Hülle und Fülle, reisen durfte man wieder. Das Radio lief und bald auch der Fernseher. Alles war wieder in Butter. Wirklich?

Nachbemerkung: Der diesen Begleittext schrieb, stand am 21. Januar 1947 mit einem Persilkarton unterm Arm und sonst nichts vor dem Münchener Hauptbahnhof, nachdem er in Dachau aus der Kriegsgefangenschaft entlassen worden war.

Ferdinand Müller

Hans Magnus Enzensberger
das ende der eulen

ich spreche von euerm nicht,
ich spreche vom ende der eulen.
ich spreche von butt und wal
in ihrem dunkeln haus,
dem siebenfältigen meer,
von den gletschern,
sie werden kalben zu früh,
rab und taube, gefiederten zeugen,
von allem was lebt in lüften
und wäldern, und den flechten im kies,
vom weglosen selbst, und vom grauen moor
und den leeren gebirgen:

auf radarschirmen leuchtend
zum letzten mal, ausgewertet
auf meldetischen, von antennen
tödlich befingert floridas sümpfe
und das sibirische eis, tier
und schilf und schiefer erwürgt
von warnketten, umzingelt
vom letzten manöver, arglos
unter schwebenden feuerglocken,
im ticken des ernstfalls.

wir sind schon vergessen.
sorgt euch nicht um die waisen,
aus dem sinn schlagt euch
die mündelsichern gefühle,
den ruhm, die rostfreien psalmen.
ich spreche nicht mehr von euch,
planern der spurlosen tat,
und von mir nicht, und keinem.
ich spreche von dem was nicht spricht,
von den sprachlosen zeugen,
von ottern und robben,
 von den alten eulen der erde.

Matthias Duderstadt
Herbst

Wenn die Blätter gefallen sind
Und es draußen neblig und grau ist
Grabe ich Löcher in die Erde
Für kleine und große Zwiebeln:
Bräunliche, rötliche und violette.

Wenn ich die Zwiebeln andrücke
Und die Löcher mit Erde schließe
Sehe ich vor mir:
Das Gelb der Märzenbecher und Narzissen
Das Weiß der Schneeglöckchen
Das Blau-Violett der Krokusse
Das Rosa und Blau der Hyazinthe
Das Rot der Tulpen.

Wenn ich an den Pflanzstellen vorbeigehe
Rieche und spüre ich die Luft des Frühlings
Höre die Rufe und Lieder der Vögel
Und freue mich darüber. Denn von nun an
Wird es lange still bleiben.

Frantz Wittkamp

Josef Guggenmos
Kalter Tag

Schnee stiebt weiß von den Dächern.
Grau kriecht aus Kaminen der Rauch.
Wo sind meine Schwalben? Woanders.
In Gedanken bin ich es auch.

Mauerbilder im Dorf Lemba auf der Insel Zypern. Wer genau hinsieht, findet hier auch das Bild von Seite 2 wieder.

Foto Jellymountain

Elisabeth Borchers
Ich erzähle dir

Ich erzähle dir die Geschichte
vom Himmel

Der Himmel hat keine Bäume
der Himmel hat keine Vögel
der Himmel ist auch kein Erdbeerfeld

Der Himmel ist ein Kleid
das der Erde zu weit ist

Der Himmel hat morgens
und abends ein rosa Dach

Der Himmel ist ein Haus
da hinein sollen wir kriechen

Der Himmel ist nicht so wie du denkst
der Himmel ist blau

Marianne Kreft
Du kleiner Käfer!

Du Käfer, du kleiner, wie machst du das bloß?
Kaum bist du geboren, schon krabbelst du los!
Wer zeigt dir den Weg und die ersten Schrittchen,
das Setzen der Beinchen im gleichen Trittchen?
Kein Füßchen tritt je auf das andre drauf,
auch nicht, wenn ich rufe: »Lauf, Käferchen, lauf!«
Und stolpert ein Füßchen, was ist schon dabei?
Auf der anderen Seite sind ja noch drei!

Du Käfer, du kleiner, wie machst du das bloß?
Kaum bist du geboren, schon fliegst du famos!
Wer zeigt dir das Landen, das erste Starten,
das lautlose Fliegen durch unseren Garten?
Umschwirrst Sträucher, Blumen, wie's dir gefällt,
erkundest allein deine Käferwelt.
Ermüden zwei Flügel, was ist schon dabei?
Darunter verborgen sind weitere zwei!

Du Käfer, du kleiner, was machst du in Not?
Kaum bist du geboren, schon stellst du dich tot!
Wer zeigt dir den Tod als Kampf um das Leben,
die Kunst, sich in Todesangst nicht mehr zu regen?
Gekrümmt sind die Beinchen, die Flügel erstarrt.
Woher nur weißt du, wie man Feinde narrt?
Sind die gefährlichen Sekunden vorbei,
erwachst du zum Leben, bist wiederum frei!

Christine Brand

Huberta Zeevaert
Das Ausruf- und das Fragezeichen

Zum Frage- sprach das Ausrufzeichen:
Ich stelle fest, daß wir uns gleichen!
Das Fragezeichen meinte: Ach.
Senkt' seinen Kopf und dachte nach.

Doris Mühringer
Zittern der Bäume

Hättest du Seelenhaare
fein
wie die Schnurrbartspitzen von Katzen
du fühltest das Zittern der Bäume
wenn du zu ihnen gehst
mit der Axt

Foto Frieder Stöckle

Georg Maurer
Bäume

Noch sind die Bäume Philosophen.
Sie zeigen ihr System.
Sie sind modern, sie sagen Strukturen,
Rückkopplung zwischen Wurzel und Zweig.
Kommt, Blätter, kommt! Versteckt die Vögel,
versteckt die Kinder im Laub.

Tadeus Różewicz
Kleiner Zopf

Als alle frauen
des transports rasiert waren
fegten vier arbeiter
mit besen aus lindenlaub
das haar zu einem haufen

Da liegt
das spröde haar
der vergasten
nadeln und hornkämme
stecken darin

Kein licht durchleuchtet es
kein wind zerwühlt es
keine hand kein regen
kein mund berührt es

In großen kisten
ballt sich trockenes haar
der vergasten
darunter ein kleiner grauer zopf
mäuseschwänzchen mit schleife
an dem in der schule
die frechen buben zupften.

Museum – Auschwitz 1948

Übertragen von Karl Dedecius

Christine Busta
Merkverse

Das Schönste, was uns die Raumfahrt zeigte,
war die Erde als blauer Stern.
Er ist bewohnbar. Aber verletzlich.

Foto AP Süddeutscher Verlag

Hiroshima, 6. August 1945

Der Moment der Vernichtung. Eine Armbanduhr, die um 8, 15 Uhr stehen blieb und deren Zeit im Blitz der Atombombe eingebrannt wurde, ist in den Trümmern gefunden worden. Der Schatten des kleinen Zeigers wurde in das Zifferblatt gebrannt und sieht nun aus wie das Abbild des großen Zeigers.

Günter Eich

Geh aus, mein Herz –

Die Reisbauern, die ich nicht kenne,
hinter Rangun,
in überschwemmten
Feldern, glaube ich –
viele wissen das besser
und auch Fotos
sehe ich ungern an.
Warum fallen
die Reisbauern, die ich nicht kenne,
mir ein, wenn ich fröhlich bin?

Die Kinder, die ich nicht kenne,
in Polen,
auf dem Weg zu den
Duschräumen, glaube ich –
wer möchte es besser wissen,
Stiefel
sind keine zu sehn.
Warum fallen
die Kinder, die ich nicht kenne,
mir ein, wenn ich fröhlich bin?

Ernst Jandl

vater komm erzähl vom krieg

vater komm erzähl vom krieg
vater komm erzähl wiest eingrückt bist
vater komm erzähl wiest gschossen hast
vater komm erzähl wiest verwundt worden bist
vater komm erzähl wiest gfallen bist
Vater komm erzähl vom krieg

Nicolás Suescún
Gedicht über das Schweigen

Manchmal kommt das Schweigen über mich,
und die Worte gehn mir aus,
dann bin ich wie ein Schreiner ohne Holz
und bitte um einen kleinen Aufschub,
um den Tisch zu zimmern,
und während ich auf das Holz warte,
träume ich, daß er schon fertig ist
und auf seinen vier Beinen steht,
siebzig Zentimeter hoch,
groß, einfach, fest und glatt,
gut zum Essen und zum Arbeiten,
gut zum Sprechen, stundenlang.

Deutsch von Peter Schultze-Kraft und Nicolas Born

Christa Reinig
Robinson

manchmal weint er wenn die worte
still in seiner kehle stehn
doch er lernt an seinem orte
schweigend mit sich umzugehn

und erfindet alte dinge
halb aus not und halb im spiel
splittert stein zur messerklinge
schnürt die axt an einen stiel

kratzt mit einer muschelkante
seinen namen in die wand
und der allzu oft genannte
wird ihm langsam unbekannt

Christine Lavant

Das ist die Wiese Zittergras

Das ist die Wiese Zittergras
und das der Weg Lebwohl,
dort haust der Hase Immerfraß
im roten Blumenkohl.

Die Rosenkugel Lügnichtso
fällt auf das Lilienschwert,
das Herzstillkräutlein Nirgendwo
wird überall begehrt.

Der Hahnenkamm geht durch den Tau,
das Katzensilber gleißt,
drin spiegelt sich die Nebelfrau,
die ihr Gewand zerreißt.

Der Mohnkopf schläfert alle ein,
bloß nicht das Zittergras,
das muß für alle ängstlich sein,
auch für ein Herz aus Glas.

Jürg Amann

Axel Scheffler

Wenn man nur wüsste

Wenn man nur wüsste, wie
sie gemeint ist, die Welt.
Diese rollende Kugel,
in den Gnadenmantel aus blauem Himmel gehüllt.
Auf der es die Liebe gibt.
Und wir, die wir sie einstweilen bewohnen.
Ob wir gemeint sind.
Ob sie gemeint ist, die Welt.

Matthias Duderstadt
Reichtum

Morgens leere ich die aufgeweichten
Teeblätter oder den Kaffeesatz
in den Eimer.
Mittags wische ich die Kartoffelschalen
Gemüseschnipsel, Papiertüten
Abends die Brotkrümel, die schlechten
Stücke von Tomaten und Gurken hinein.
Wenn der Eimer voll ist, kippe ich
Alles in meine Kompostkiste
In der Tausende von Regenwürmern leben
Sehe hin, ob die
Schichten zusammengesackt sind
Und denke an die
Weiche bröselige Erde, die aus all dem wird:
Die Erde, die ich im Frühling
Über die Beete im Garten verteile
Die ich in Töpfe für Stecklinge fülle
Und in Töpfe für die Knollen der Begonien
Die dann Monate später blühen werden
In allen Tönen von Rot.

Gisela Schlegel
Lied einer alten Frau

Ich sterbe nicht.
Das geht nicht.
Ich will dabei sein jedes Jahr,
wenn der Holunder blüht
und die Amsel sitzt in seinem Schatten.
Ich möchte immer wiederkommen
mit den Disteln,
die knisternd wachsen,
wenn die Sonne blüht.

Robert Walser
Mäuschen

Neulich, als ich mitten auf dem
Weg ein totes Mäuschen sah,
blieb ich steh'n und sagte: Wie nun?
Weshalb liegst du hier so still?
Mußtest du's so eilig haben?
Kaum ins Leben eingegangen,
fliehst du schon daraus hinweg.
Nun, so laß mich mind'stens deinen
lust'gen Lebenspfad betrachten:
Worte sind bei deiner Ankunft
sicher nicht verschwendet worden,
Taufe war wohl überflüssig.
In die Schule gingst du nie,
deinetwegen hatten Lehrer
schwerlich je sich abzuplagen.
Wußtest gleich vom ersten Tag an
dich ins Leben einzufinden.
Was Erziehung, höh're Bildung,
Wissen, Kenntnis anbelangt,
durft'st du alles dies entbehren.
Unterricht im Pianospielen,
Tanz- und Turn- und sonst'ge Stunden
wirst du nie genommen haben.
Anmut und Behendigkeit
und ein ganz natürl'cher Anstand
waren dir schon angeboren.
Schuhe, Strümpfe, Hut und Handschuh'
sind dir unbekannt geblieben.
Anzug trugst du stets denselben.
Hatt'st du Brüderchen und Schwestern,
Onkel, Tante, Bas' und Vettern?
Warst du etwa gar vermählt?
Das sind Fragen, die wir schließlich,
weil sie allzu kompliziert sind,
lieber nicht erled'gen wollen.
Freilich du, mein liebes Mäuschen,
brauchtest dich um nichts zu kümmern.
Unserein ist voll Bedenken;

redet sich weiß Gott was ein,
macht den Aufenthalt auf Erden
sich so sauer wie nur möglich;
quält sich ab und reibt sich auf,
kommt vor lauter delikaten
Sorgen oft schier aus dem Häuschen.
Du warst über bloßes Dasein
offenbar schon riesig froh,
machtest kaum dir je Gedanken,
die ja in den allermeisten
Fällen höchstens hemmend wirken.
Sicher irr' ich mich nicht sehr,
wenn ich denke, daß mit Vorlieb'
du durch enge Löcher schlüpftest.
Ein geringes Quantum Laub
war die Welt, in der du lebtest,
gerne krochst du unter Steine.
Was uns Menschen Gräser scheinen,
war für dich schon ziemlich groß.
Bäume, wie zum Beispiel Eichen,
schienen dir wohl ungeheuer,
falls du solche Dick' und Größe
jemals überblicken konntest.
Schon ein Hase kam dir sicher
äußerst respektabel vor.
Doch vor Katzen fürcht'st du dich
ganz besonders, derart, daß du
Schwierigkeiten nie vermißtest.
Deine Stimme war dem Pfeifen,
und dein Gang dem Huschen
        ähnlich.
Sprechen konnt'st du weder
        deutsch,
noch französisch oder englisch,
hingest an der Mäusesprache,
dir genügt', mit deinesgleichen
dich verständigen zu können.
Nennenswertes Lebenswerk

ist dir keineswegs gelungen;
Reisen ließest hübsch du bleiben.
Darum lagst du doch nicht minder
in den güt'gen Händen uns'res
Vaters oben in den Wolken,
die so gut ob dir, wie über
allen andern Wesen schwebten.
So leb' wohl. – Nachdem ich alles
dies gesprochen, ging ich weiter.

Christine Nöstlinger

Bitte

Ich hab dir aus Ton etwas geknetet.
Mama hält's für eine Nonne, die betet.
Papa sagt: Das ist ein fettes Schwein!
Oma meint, ein Schiff könnte es sein.
Opa hält es für einen Richter im Talar.
Was es auch sein mag, eines ist klar:
In dem Ding steckt meine Liebe zu dir
und die Bitte: Sei doch netter zu mir!

Kinderbriefmarke der Deutschen Post
Entwurf von Barbara Dimanski, Halle

Ausgabetag: 12. August 1999

Salah Naoura
Der Fisch

Dieser Fisch
auf meinem Tisch,
wo kommt der her?

Er kommt vom Meer.

Ist er den ganzen Weg geschwommen,
um schließlich bei mir anzukommen?

Nein, sieh her:
Er kommt vom Meer
in dieser Dose
mit einem Liter Knoblauchsoße.
Die Dose sah er dort am Strand
und schwamm deshalb sofort an Land.

Wo nahm er dann die Soße her?

Vom großen Knoblauchsoßenmeer.
Er hielt sich auf der Fahrt zu dir
die Nase zu, das glaube mir!

Doch wenn er Knoblauch gräßlich fand,
warum schwamm er dann an Land?

Weil im Meer, in dem er wohnte,
das Leben sich nicht länger lohnte.
Denn das Wasser darin stank
und machte ihn auf Dauer krank.
Es stank viel schlimmer als die Dose
mitsamt der ganzen Knoblauchsoße.
Deshalb nahm er dort Quartier
und fuhr, so schnell es ging, zu dir.

Der arme Fisch
auf meinem Tisch,
von so weit weg kam er hierher …
Doch wie kam der Gestank ins Meer?

Christine Nöstlinger
Letzte Warnung

Werte Erwachsene,
die Maikäfer und die Frösche habt ihr umgebracht,
die Libellen und die Schlangen habt ihr totgemacht.
Um jedes Stückchen Wiese legt ihr einen Zaun,
jedes verwilderte Grundstück müßt ihr verbaun.
Die Eidechsen und die Fischottern sterben aus,
keine Maus, kein Wiesel, keine Ratte, keine Laus
dürfte, wenn es nach euch geht, überleben.
Nur Beton, Stahl und Plastik soll es geben!
Die Luft ist voll Blei, die Wolken sind giftig,
die Vögel verrecken, euch ist das nicht wichtig.
Der Regen ist sauer, im Bach schwimmt Chemie,
die Falter krepieren, so schlimm war's noch nie!
Und ihr seufzt bloß: Es ist alles sehr schwierig!
Ist es aber nicht! Ihr seid bloß unheimlich gierig!
Und hört ihr nicht auf, euch gegen das Leben zu versündigen,
so müssen wir euch leider demnächst entmündigen!

Eure Kinder

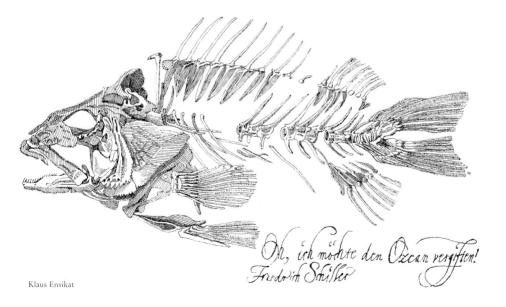

Oh, ich möchte den Ozean vergiften!
Friedrich Schiller

Klaus Ensikat

Wolfgang Weyrauch
Die richtigen Bewegungen der Finger

nein, mich gehn die 7 Weltwunder nichts an
lasst die Gärten der alten Damen hängen
was mich betrifft
sehe ich nicht nach hinten
ich rechne auch nicht aus
wie lang oder wie hoch etwas ist
ich wundre mich bloß über Wunder
zum Beispiel über eine Schnecke
die Fühler wie Fädchen hat
aber ein ganzes Haus hockt drauf
schwarz und gelb
ich wundre mich über ein zweites Wunder
über mein zweites Wunder
denn für die andern ist der Regenbogen irgendwas
aber für mich hat er verursacht
daß es überhaupt Farben gibt
er ist so weit entfernt
daß mir das Wort unendlich einfällt
er ist so nah
daß ich ihn anfassen könnte
wenn ich ein Vogel wäre
ich wundre mich über mein drittes Wunder
über einen Apfel
über seine Farben
die ihm der Regenbogen geschenkt hat
über seine unregelmäßige Rundung
ich werde ihn essen
nein, ich esse bloß die Hälfte von ihm
die andre Hälfte schenke ich weg
worin das vierte Wunder besteht
womit ich mich aber nicht loben will
sondern ich will bloß ein Beispiel nennen
wie alle es machen sollten
damit aus dem einen Guten und aus dem andern Guten
ein ganzes Gutes wird
ich sehe mir meine Finger an
das fünfte Wunder
indem ich die Hälfte des Apfels gebe

und ich sehe mir die Finger des andern an
indem er die Hälfte des Apfels nimmt
ich wundre mich über die richtigen Bewegungen
es könnten ja auch irre sein
ich sehe mich im Aug meines Gegenüber
er sieht sich in meinem Aug
was für ein Wunder
dies sechste Wunder
ist es das größte
nein, bei Wundem gibt es kein mehr oder weniger
das siebte Wunder besteht darin
daß jedermann dazu imstand ist
einen andern zum Lachen zu bringen
zum freundlichen Lachen
nicht zum Auslachen
aber nun bin ich noch nicht fertig
ich kenne noch ein achtes Wunder
eins mehr als die Alten
das heißt, sie hatten es auch schon
aber sie nannten es noch nicht
nämlich den Satz des Sokrates
ich weiß
daß ich nichts weiß
ei, ich habe mehr Wunder als die Alten gefunden
ich, ein 16jähriger Schüler

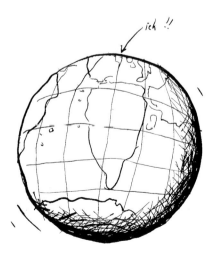

Jutta Bauer

Erich Fried
Macht der Dichtung

»Dein geniales Gedicht
wird nicht nur sehr nützlich sein
und die Seefahrt sicherer machen
als je bisher
weil es so unüberhörbar
vor Eisbergen warnt
auf scheinbar offener See
sondern es wird
dank der Schönheit deiner Beschreibung
der Eisberge und der Wogen
und des Zusammenstoßes
zwischen der wilden Natur
und ihrem Besieger Mensch
auch dich unsterblich machen!«

Das etwa soll ein Mädchen
zu einem jungen Dichter
gesagt haben
den sie dabei
schwärmerisch ansah
im Schiffssalon
am Tag vor dem Ende der Fahrt
laut Bericht eines Zuhörers
dem die Worte dann nach dem Unglück
nicht aus dem Kopf gingen
auch nicht nach seiner Bergung
aus einem der überfüllten
Rettungsboote.

Vasko Popa
Die kleine Schachtel

Der kleinen Schachtel wachsen die ersten Zähne
und es wächst ihre kleine Länge
ihre kleine Breite ihre kleine Leere
und überhaupt alles was sie hat

Und die kleine Schachtel wächst weiter
und nun ist der Schrank in ihr
in dem sie war

Und sie wächst weiter und weiter und weiter
und nun ist das Zimmer in ihr
und das Haus und die Stadt und die Erde
und die Welt in der sie einmal war

Die kleine Schachtel erinnert sich an ihre Kindheit
und vor übergroßer Sehnsucht
wird sie wieder eine kleine Schachtel

Nun ist in der kleinen Schachtel
die ganze Welt klein klitzeklein
leicht in die Tasche zu stecken
leicht zu stehlen leicht zu verlieren

Hütet die kleine Schachtel

Übertragen von Karl Dedecius

Michele Lemieux

Ernst Jandl
immer höher

Caroline Ronnefeldt

DER MANN STEIGT AUF DEN SESSEL
der mann steht auf dem sessel
DER SESSEL STEIGT AUF DEN TISCH
der mann steht auf dem sessel
der sessel steht auf dem tisch
DER TISCH STEIGT AUF DAS HAUS
der mann steht auf dem sessel
der sessel steht auf dem tisch
der tisch steht auf dem haus
DAS HAUS STEIGT AUF DEN BERG
der mann steht auf dem sessel
der sessel steht auf dem tisch
der tisch steht auf dem haus
das haus steht auf dem berg
DER BERG STEIGT AUF DEN MOND
der mann steht auf dem sessel
der sessel steht auf dem tisch
der tisch steht auf dem haus
das haus steht auf dem berg
der berg steht auf dem mond
DER MOND STEIGT AUF DIE NACHT
der mann steht auf dem sessel
der sessel steht auf dem tisch
der tisch steht auf dem haus
das haus steht auf dem berg
der berg steht auf dem mond
der mond steht auf der nacht

Foto Philippe Duhoux

Sonnenfinsternis, 12.30 Uhr am Mittwoch, dem 11. August 1999

Klopfzeichen der Kinderpoesie
Nachwort über den Umgang mit Gedichten

Der große Lyriker Pablo Neruda hat den Fragen ein ganzes Buch gewidmet, das »Buch der Fragen«. Darin fragt er wie ein Kind: »Wenn alle Flüsse doch süß sind, / woher hat das Meer dann sein Salz?« Er fragt aber auch: »Wo ist das Kind, das ich gewesen, / wohnt es in mir oder ist es fort?« – Die Jahre der Kindheit gehören zu den wunderbaren Jahren. Manchmal heißt es auch, es sind die unschuldigen Jahre. Ob sie wirklich »wunderbar« oder »unschuldig« sind, wird jeder anders beurteilen. Aber es sind die Jahre einer ersten poetischen Entdeckung der Welt. Dinge bekommen Namen, lassen sich wie Katzen streicheln. Erwachsene spielen mit Kindern das Spiel »Ich sehe was, was du nicht siehst!«, doch ihre sanfte Mahnung »Wie die Kinder!« richtet sich ausschließlich an erwachsene Menschen. Aber wie sind Kinder? Kinder sind neugierig, aufgeschlossen, entdeckend, problemlösend, liebend, spielend, fliegend, staunend, fragend.

Reime als magische Formeln

Kindsein und Reimspiel suchen sich. Für Kinder sind Reime wie magische Formeln. Mit Reimen läßt sich alles fangen und behaupten: »Ich heiß Peter, du heißt Paul, / ich bin fleißig, du bist faul.« – »Die meisten Fische träumen / vom Leben auf den Bäumen.« – »Fünf Minuten vor Anfang der Welt, / ging ich auf ein Kartoffelfeld.« Auch auf den Kopf gestellte Welt fügt sich ins Lebensspiel, »wofern nur am Zeilenschluß der magere Triumph einer klingenden Übereinkunft erzielt wird. So gibt es gedichtete Stückchen für Kinder, Fabeln und Abzählspiele, worin alles Wind und lustige Lüge ist außer den Reimen; diese marschieren in fleischlicher Wirklichkeit auf«, so Oskar Loerke in seinem Essay »Vom Rei-

men«. Dem Reimer wird alles Reim. Ich verweise auf unzählige Gedichte, die reimend entstanden sind, um Kinder zu belehren und – noch schlimmer – zu folgsamen Bürgern zu erziehen. Über diese gutgemeinte Erziehungspoesie ist die eigentliche, lebensnahe Poesie der Dichter vernachlässigt worden.

Läßt sich – fragen wir uns nun – die moderne Lyrik *auch* kinderpoetisch definieren? Denn wirkliche Poesie gibt es nur einmal, nicht so und so, also doppelt, einmal für Erwachsene und einmal für Kinder (etwa zum halben Preis). Für alle gilt das Alterslose dieser Lyrik: »Ich weiß nicht, was ich bin; / ich bin nicht, was ich weiß; / Ein Ding und nit ein Ding, / ein Stüpfchen und ein Kreis.« (Angelus Silesius) Die Welt reimt sich – auch ohne Reim – nur im richtigen Sein.

Brot der Poesie

Kinder sammeln Wörter, es ist ihr erstes Lebensspiel! Was für Wörter? Wörter wie Milch und Honig: Mutter, Pa und Ma, auch sinnlos-sinnvolle Wörter, irgend ein Papperlapapp und Superwasdiemaus, bald wohl auch Elefant, Hund, Katze, Tisch und Stuhl, vielleicht auch Himmel-Hölle, Feuer, Wasser, Hilfe, Haus und Auto, Handy – ein wirklich spannender Katalog! Worte wie »Außerdem und Innerdem« (Celan) finden sich (mit poetischer Hilfe) erst später ein.

Wir brauchen die Wörter, sie brauchen uns, um atmen zu können. Neue Wörter gehören zum täglichen Brot der Poesie. Rose Ausländer dichtet: »ich taste die Länge und Breite / der Wörter / suche erfinde / das atmende Wort«. Gern erinnere ich an den dichtenden Oberschüler aus der zweiten Klasse, den der japanische Dichter Tamura Ryuichi ermuntert, eigene Wörter zu sammeln: »In den Sommerferien / sammle, ich bitte dich, die atmenden Wörter / wie man Pflanzen und Insekten sammelt – / Hierauf / streckst du so weit du kannst deine Zunge aus / um zu testen / welchen Landhorizont / welchen Seehorizont / die Zunge berühren kann / …« (1)

Poetik entsteht im Alleinsein: Erlebnis – Erinnerung – Erfahrung muß in ein inneres Gleichgewicht kommen. Erinnerung auch wie mit dem Finger auf der »Kinder-Landkarte« (Celan): Orte und Namen im Nirgendwo, Flüsse und Täler voll Ahnung. Zur Theorie der modernen Lyrik gehört, daß sie immer wieder neu formuliert wird. Ebenso die Theorie des Kindergedichts – wenn es denn so etwas überhaupt gibt. Kindergedichte schaukeln, stelle ich mir vor: Wortspiel und Luftsprung, auf und ab, Blick in den Himmel, Angst zu fallen.

Kinder werden erwachsen. Das ist die Realität. Doch Kindsein bleibt das Herz jeglicher Poetik. Ich erinnere an Verse eines jungen Lyrikers (er ist im Krieg umgekommen), Hermann Kükelhaus: »Ich will mein kindlich Herz behalten. / Das sag ich dieser greisen Welt.« Hier mischt sich Trotz ein, welcher ja auch Teil dieser Poesie ist. Zugleich spricht daraus die Hoffnung, daß kindliches Denken etwas ausrichten kann in einer Welt, die immer kälter wird.

Bei allen Luftsprüngen, die das Kindergedicht gern macht, bleibt festzuhalten: Poesie ist eine vollkommen ernste Angelegenheit. Er (oder sie) dichtet nicht für Kinder, er (oder sie) dichtet für sich selbst. Sinn oder Unsinn – man spürt, wo einem der Kopf steht, das Herz

schlägt, was der Magen sagt, was einem die Sprache verschlägt. »In der Sprache der Poesie aber, in der jedes Wort gewogen wird, ist nichts gewöhnlich, nichts normal. Kein Stein und keine Wolke darüber. Und vor allem kein einziges Dasein hier auf dieser Erde.« So Wisława Szymborska in ihrer Stockholmer Nobelpreis-Rede »Der Dichter und die Welt« (1996). Die Weltpoesie hat Flügel – wohin sie auch fliegt, immer ist es ein Land, wo Menschen wohnen.

Mit dem Blick des Kindes

Kinder hören und sehen und sagen spontan, was sie sehen. Das Kind ist das eigentliche Phänomen dieser Welt. Nichts geht darüber. Pablo Neruda schreibt in seinen Memoiren »Ich bekenne, ich habe gelebt«, wie seine »Elementaren Oden« entstanden sind: »Ich wollte viele schon besungene, gesagte und wiedergesagte Dinge neu beschreiben. Mein freigewählter Ausgangspunkt sollte der des Kindes sein, das, am Bleistift kauend, einen Pflichtaufsatz über die Sonne, die Schiefertafel, die Uhr oder die menschliche Familie schreiben muß.« Mit dem »Blick des Kindes« dichtet er die Welt neu.

Wie sehr »Kindheitsdenken« in der Lyrik eine prägende Rolle spielt, belegt Dieter Richter in seiner bemerkenswert umfangreichen Anthologie »Kindheit im Gedicht« (1992). Kindheit in acht Jahrhunderten – viel Bitternis! Aber mehr noch Verklärung, vielleicht ein tastender Versuch, Kindheit zurückzuholen, sie dichtend neu zu schaffen, sozusagen als Gegengewicht gegen das hereinbrechende Chaos. Eigentlich ist jede Beteiligung des Kindes am großen Lyrikversuch der Erwachsenen erwünscht.

Das Leben der Kinder und ihr wunderbarer Freiraum ist vollkommen abhängig von der Erwachsenenwelt; es gibt keine

---

(1) Aus Luftfracht. Internationale Poesie 1940 bis 1990, ausgewählt von Harald Hartung, Eichborn Verlag, Frankfurt a. M. 1991

eigene Kinderwelt, so sehr wir sie auch beschwören. Oder gibt es sie doch? Der Lyriker weiß es und weiß es nicht. Sein Wissen ist Dichtung. Kindheit – das ist das Kind damals, das Kind heute, das Kind morgen, jederzeit Kind. Als Beispiel einer Poesie, die dies alles weiß, fällt mir aus dem »Kinder-Verwirrbuch« von Joachim Ringelnatz das Sandgedicht ein: »Das Schönste für Kinder ist Sand. / Ihn gibt's immer reichlich, / Er rinnt unvergleichlich / Zärtlich durch die Hand. / – Weil man seine Nase behält, / Wenn man auf ihn fällt, / Ist er so weich. / Kinderfinger fühlen, / Wenn sie in ihm wühlen, / Nichts und das Himmelreich.«

Poesie für Kinder?
Viele Dichter und Dichterinnen haben über Kindsein dichtend nachgedacht, aber nur wenige von ihnen haben sich ins Gehege unmittelbarer »Kinderlyrik« begeben; denn hier ist das Spielfeld begrenzt und es gibt Regeln und Abseitsfallen. Wer möchte sich darauf einlassen? Günter Grass vermerkt in einem Brief: »Kann sich ein Autor vornehmen, für Kinder schreiben zu wollen? Offenbar ist das möglich, denn einige meiner Kollegen haben (…) Bücher dezidiert für Kinder geschrieben. Ich tue das nicht. Warum nicht? Weil ich mir beim Schreiben kein gesondertes Lesepublikum, also weder lesende Kinder, lesende Arbeiter oder auch lesende Rentner vorstellen kann. (…) Vielleicht ist das so, weil ich Kinder als zu komplex begreife, als daß ich sie gesondert in sogenannten Kinderbüchern darstellen könnte.«(2)

Dezidiert für Kinder schreiben! Warum sollte das nicht möglich sein? Es gibt viele für Kinder geschriebene Geschichten,

die auch im poetischen Sinn überzeugen. Was in der erzählenden Literatur gelingt, sollte auch im lyrischen Bereich möglich sein. (Dafür gibt es gute Beispiele.) Doch einer Definition von Kinderpoesie sind wir damit kaum einen Schritt näher gekommen. Das Kindergedicht wirft viele Fragen auf und beantwortet sie längst nicht alle. Aber es sind Fragen, die Kinder fragen. Und das sind bekanntlich die besten Fragen. Wann zum Beispiel ist nun ein Gedicht ein Kindergedicht? Die Antwort könnte so einfach sein und, wie ich finde, auch ehrlich: Ein Gedicht ist ein Kindergedicht, wenn ein Kind das Gedicht liest. Das ist aber (leider) nicht die ganze Antwort; denn *welches* Gedicht das Kind liest, bestimmen in der Regel andere: Neben den Autoren die Verleger, Herausgeber, Illustratoren, Buchhändler, Käufer, Eltern, Kritiker, Lehrer. (Die weibliche Form stets beigefügt!) Nicht das Kind wählt, was es liest, das besorgt der Erwachsene und ist sich seiner Verantwortung so sehr bewußt, daß man ihn um etwas weniger Zuwendung bitten möchte. Kurz, es ist notwendig, den zu engen Rahmen ausgewählter, gebrauchsfertiger Kinderpoesie zu verlassen.

Moderne Lyrik einerseits und *Kinderlyrik* andererseits verhalten sich zueinander wie Geschwister unterschiedlichen Alters; die kleine Schwester möchte liebend gern wahrgenommen werden, doch die große Schwester hat weder Augen noch Ohren für sie. So hat sich die Kinderlyrik nahezu unbemerkt und nebenher entwickelt. Wer zum Beispiel Gedichte von Josef Guggenmos kennt (oder auch Jürgen Spohns aus dem Nonsens geborene Wortspiele), bedauert zutiefst ihre Abwesenheit in allen wichtigen Lyrik-Anthologien. Was im engeren Umfeld der Kinderpoesie *entsteht*, wird offenbar nur dort, nirgendwo anders, wahrgenommen. Ursache ist, meine ich, jene falsch verstandene Kinderkultur, die des-

---

(2) Kein Kinderbuch. Brief an Steffen Peltsch vom 25.10.1989. In »Beiträge zur Kinder- und Jugendliteratur«, Nr.96, H.1, 1992; hier aus: Günter Grass, Essays und Reden. Dritter Band 1980 – 1997, Steidl Verlag, Göttingen 1997

halb so ausschweifend gut funktioniert, weil Kinderzeit mit Absatzmarkt gleichgesetzt wird. So befindet sich das moderne Kindergedicht, obwohl es doch keinem bestimmten Alter zuzuordnen ist, in einem Kreislauf des Gebrauchens: Einmal Kindergedicht, immer Kindergedicht.

Dazu eine Zwischenbemerkung: Von Schuljahr zu Schuljahr wird den beiden lyrischen Schwestern der gemeinsame Auftritt schon lange ermöglicht. Abgesehen von den Gedichten der Klassiker sind Gedichte von Brecht, Grass, Eich, Kaschnitz, Jandl und so weiter sowie Gedichte von Krüss, Guggenmos, Auer, Manz, Wittkamp und so weiter allesamt in den Lesebüchern zu finden. Darüber kann man froh sein. Es ist aber bekannt, daß sich viele Schüler über ihre Lyrikstunden beklagen. Und dies schon seit Generationen. Was läuft falsch? Gedichte als Teil des Unterrichts, Poesie und Schule ein Mißverhältnis? Damit hat sich auch Hans Magnus Enzensberger auseinandergesetzt: »Nur für die Minderjährigen unter unsern Mitbürgern hat das Recht auf freie Lektüre keine Geltung. Sie (...) zwingt man fortgesetzt, Gedichte zu lesen, und was noch viel entsetzlicher ist, zu interpretieren, Gedichte, an denen sie in den meisten Fällen keinerlei Interesse bekundet haben.«(3) *Ende der Zwischenbemerkung.*

Kindergedichte sind den Dingen nah – wie große Dichtung auch. Es sind Gelegenheitsgedichte, ganz im Sinn der von Eckermann so eifrig notierten Definition Goethes: »Die Welt ist so groß und reich und das Leben so mannigfaltig, daß es an Anlässen zu den Gedichten nie fehlen wird. Aber es müssen alles Gelegenheitsgedichte sein, daß heißt, die Wirklichkeit muß die Veranlassung und den Stoff hergeben. ... Alle meine Gedichte sind Gelegenheitsgedichte, sie sind durch die Wirklichkeit angeregt und haben darin Grund und Boden. Von Gedichten, aus der Luft gegriffen, halte ich nichts.«

Einige der besten Gedichte deutscher Sprache (andere Sprachen hinzugedacht) sind Kindern zugewandt. Lyrik also, die vielleicht ohne die Nähe zu Kindern nicht entstanden wäre. Auch Kindergedichte sind weltoffen und spielen mit allen Möglichkeiten der Sprache. Dichtung, in der elementare Dinge eine Rolle spielen. Da sind Steine, Bäume, Tiere, Menschen, da ist Himmel und Erde. Soviel Welt auf einmal! Kindern zuliebe entsteht eine Poesie, die keinesfalls aus der Luft gegriffen ist, sie ist erlebt: »Sitzt eine Meise / dir auf der Hand, / merkst du es kaum. / Ihr Gewicht ist gering. / Aber in ihrer Brust ist doch Raum / für ein pochendes Ding. ...« (Josef Guggenmos)

Sechs Milliarden Menschen leben auf der Erde und bald werden es noch viel mehr sein – ein Kind, wo immer es lebt, kniet leicht auf der Erde und sieht den Ameisen zu. Im Kindergedicht gibt es Tiere, für die sich Lyrik sonst wenig interessiert: Ameisen, Regenwürmer, Schnecken, Käfer, Spinnen, Asseln, dazu die anderen Tiere, die da laufen, fliegen, schwimmen. Kinder beobachten, wie etwas klein oder groß ist und lebt und anders ist. Am liebsten möchten sie (wie ein Jean-Henri Fabre) alle Rätsel der Natur verstehen und lieben lernen. Dies alles ist Teil der Kinderpoesie.

Der Himmel ist blau
Eigentlich findet die Poesie der Erwachsenen leicht zur Kinderpoesie. Man muß nur Gelegenheiten schaffen. Durch die Wirkung einiger weniger Anthologien

---

(3) Hans Magnus Enzensberger, Bescheidener Vorschlag zum Schutze der Jugend vor den Erzeugnissen der Poesie. In: Frankfurter Allgemeine Zeitung, Frankfurt a. M. 1976; hier aus: Hans Magnus Enzensberger, Mittelmaß und Wahn. Gesammelte Zerstreuungen, Suhrkamp Taschenbuch 1991

wurden Kinder auch mit Gedichten von Rose Ausländer, Nicolas Born, Günter Bruno Fuchs, Christine Busta, Peter Härtling, Reiner Kunze, Christoph Meckel, Rainer Malkowski und anderen bekannt gemacht. Auch auf Gedichte von Elisabeth Borchers möchte ich in diesem Zusammenhang hinweisen, hier nur ein Beispiel aus dem Band »Der Tisch an dem wir sitzen«: »Ich erzähle dir die Geschichte / vom Himmel / – Der Himmel hat keine Bäume / der Himmel hat keine Vögel / der Himmel ist auch kein Erdbeerfeld / – Der Himmel ist ein Kleid / das der Erde zu weit ist / – Der Himmel hat morgens / und abends ein rosa Dach / – Der Himmel ist ein Haus / da hinein sollen wir kriechen / – Der Himmel ist nicht so wie du denkst / der Himmel ist blau«. (Seite 219)

Der Himmel ist blau – wie wir wissen, auch empörend blau. Elisabeth Borchers hat ihr Gedicht 1967 veröffentlicht, dreiundzwanzig Jahre später schreibt Hans-Ulrich Treichel folgendes Gedicht: »Das bißchen Himmel / wird auch immer kleiner. / Die Spatzen merken noch nichts. / Aber ich schaue nicht mehr / nach oben. / Alles vergeht. / Vielleicht überleben die Autos. / Oder der Stacheldraht. / Nein, die Saurier fehlen mir nicht. / Obwohl ich manchmal / noch von Bäumen träume: / Große dunkle Wesen / aus Holz.« (Seite 138)

Im gleichen Zusammenhang möchte ich ein längeres und sehr altes Gedicht erwähnen, ein nächtliches Gespräch auf dem Weg nach Basel; Vater und Sohn sitzen auf dem Ochsenkarren, über ihnen die Sterne. Der Sohn möchte, daß alles so bleibt, wie es ist, der Vater weiß, daß nichts bleibt wie es ist: »Und mit der Zeit verbrennt die ganze Welt.« Das Gedicht »Die Vergänglichkeit« hat Johann Peter Hebel vor über einhundertundfünfzig Jahren geschrieben. Beileibe kein Kinder-

gedicht und eben doch eins. Es ist in alemannischer Mundart geschrieben. Eine passable hochdeutsche Übersetzung stammt von Robert Reinick (auch sie ist alt).

In seinem Lebensbuch »22 Tage oder Die Hälfte des Lebens« kommt Franz Fühmann wiederholt auf Jean Paul zu sprechen, einmal schreibt er: »Beim Aufschlagen Jean Pauls jene Stelle, die mir als tröstlichster Satz deutscher Sprache erscheint: *Kleingläubiger, schau auf: Das uralte Licht kommt an!*« – Ein Dreizeiler von Josef Guggenmos überbringt gleiche Botschaft: »Jahrelang reiste / eilig das Licht dieses Sterns. / Nun trifft's bei mir ein.« – Ich habe mich gefreut, als ich diesen Bogen schlagen konnte von Jean Paul über Franz Fühmann zu Josef Guggenmos. Und so hängt eben doch alles zusammen.

Luft zum Atmen

Zuweilen sind Kinder von Gedichten überfordert (und nicht nur sie). Recht so! Schlimm wäre es, sie wären unterfordert. Wir wissen, das Lesen von Gedichten geschieht eben doch nicht in einem Rutsch. »ein gedicht / das nicht zu begreifen ist« möchte vielleicht betastet sein« (Kurt Marti) und so weiter. Gedichte sind auf Wiederholung aus. Ein erstes Kennenlernen genügt nicht, nur Händeschütteln reicht nicht. Und was im erzählenden Bereich der Kinderliteratur gang und gäbe ist, nämlich zum leichteren Verständnis nach Lesealtern zu ordnen, ist auf Gedichte nicht anwendbar; dafür ist ihre poetische Substanz viel zu widerständig. Daran scheitert jedes didaktische Konzept.

Gedichten fehlt in der Schule oftmals die Luft zum Atmen. Sind doch *ich* im Gedicht und *ich* im Leser ein verschlungenes Miteinander. Wie soll man so etwas gar mit Noten versehen? Der Dichter selbst weiß es besser, Vasko Popa erklärt: »Du wirst gefragt, was dein Gedicht bedeutet. Warum fragt man nicht den Apfelbaum, was seine Frucht – der Apfel bedeutet? Wenn der Apfelbaum reden könnte, würde er antworten: Beiß hinein, und ihr werdet sehen, was er bedeutet!«(4)

Ein Tisch ist ein Tisch. Wir essen und trinken und reden und schweigen, wenn wir am Tisch sitzen. Er ist uns vertraut (und kennt uns, sollte man hinzufügen). Ein Tisch hat vier Beine, darin liegt eine Inspiration, die schon Edward Lear liebte. Der Fisch kommt auf den Tisch. Und wir sagen: Mahlzeit! Weil sich aber *Tisch* auf *Fisch* reimt, gehört dieses Reimpaar zur deutschen Poesie von Goethe bis Brecht. Frantz Wittkamp machte daraus den schönen Vierzeiler: »Fast immer blicken Fische / voll Neid auf alle Tische. / Denn Tische haben Beine, / und Fische haben keine.«

Jeder Vers ist auf eigene Weise vorhanden, aber, so Ossip Mandelstam, die »Luft des Verses ist das Unerwartete«. So auch – hörbar-sichtbar-klopfbar – in der lyrischen Notiz von Manfred Peter Hein: »Am Telegraphenmast trommelt / quer durchs Trommelalphabet / der Specht. / – Spannt eure Ohren, / Würmer und Larven! / – Was er auch trommelt / auf Holz oder Blech, / der Specht hat recht.« (Seite 59)

Poesie hält keine Wahlreden und verspricht auch nichts. Wohl aber ist sie Sprache und magisches Spiel, Auseinandersetzung mit allem, was wir kennenahnen-erinnern. Hans Manz hat folgendes Liebesgedicht »Klopfzeichen« genannt: »Damals, / wenn sie zu ihm ging, / benutzte sie nie die Klingel. / Sie klopfte ans Fenster, / klopfte an die Tür, / klopf-

te im Takt / seines Herzens.- Und jetzt, nach Jahrzehnten / klopft sie noch immer / wenn sie heimkommt, / im Takt ans Fenster / und an die Tür. / Und das wird so bleiben, / so lange sein Herz schlägt / oder das ihre. / – Klingeln kann jede.« (Seite 109)

Bei Pablo Neruda fand ich folgende »Klopfzeichen« der Liebe: »Ich bin's, meine Liebe, / der an die Tür schlägt. / Nicht das Gespenst, nicht der, / welcher früher stehenblieb / an deinem Fenster. / Ich schlage die Türe ein, / dringe ein in dein ganzes Leben, / komme, um in deiner Seele zu wohnen: / du kannst nichts tun gegen mich.« (Deutsch von Fritz Vogelsang)

Das Gedicht von Hans Manz habe ich zuerst in meinem 10. Jahrbuch »Oder die Entdeckung der Welt« veröffentlicht, das Gedicht von Pablo Neruda würde ich Kindern nicht anbieten. Warum? Vielleicht, weil Neruda hier ein zu großes »Dingdong« anstimmt. Also doch eine Art Schattenlinie, die durch Form und Sprache das eine vom andern trennt?

Unfaßbar

Die Musik der Verse ist schon für kleine Kinder eine tröstliche Zuwendung. Unvergeßlich ist mir die Geschichte von dem kleinen Kind aus Buchenwald, die Jorge Semprun erinnert: »Cecilia war drei Jahre alt, ich hielt sie in Armen, ich sagte ihr Gedichte auf. Das war die beste Art, sie abends zu beruhigen, ihre nächtlichen Ängste zu beschwichtigen (…) Ich sagte ihr auch *Die Reise* von Baudelaire auf, es war ihr Lieblingsgedicht. Die Zeit verging, sie konnte es auswendig, sagte es gleichzeitig mit mir auf. Aber ich hatte immer vor der Strophe innegehalten, die mit *O Tod, alter Kapitän* … anfängt.«(5)

(4) Vasko Popa aus: siehe Anm.1

(5) Aus: Jorge Semprun, Schreiben oder Leben, Suhrkamp Verlag, Frankfurt a. M 1995

Natürlich sind die früh (zu früh?) mitgeteilten Gedichte Kindern eigentlich unverständlich, dennoch bleiben sie ihnen – unvergeßlich. Dies ist wohl auch eine Frage der Zuwendung. Wann aber beginnt ein inhaltliches Begreifen? Der polnische Lyriker Tadeusz Różewicz hat 1948, nach einem Besuch im Museum in Auschwitz, ein Gedicht furchtbarer Wahrheit geschrieben. Soll man es, kann man es Kindern geben, weil es leider auch Kinder betrifft? – »Als alle frauen / des transports rasiert waren / fegten vier arbeiter / mit besen aus lindenlaub das haar zu einem haufen / – Da liegt / das spröde haar / der vergasten / nadeln und hornkämme / stecken darin / – Kein licht durchleuchtet es / kein wind zerwühlt es / keine hand kein regen / kein mund berührt es / – In großen kisten / ballt sich trockenes haar / der vergasten / darunter ein kleiner grauer zopf / mäuseschwänzchen mit schleife / an dem in der schule / die frechen buben zupften.«

Trotz aller Zweifel habe ich dieses Gedicht in die vorliegende Anthologie aufgenommen. (Seite 222) Wäre das Vietnam-Gedicht von Wisława Szymborska (»Wie heißt du, Frau? ...«) auch zumutbar? Und wie halten wir es mit dem bekannten Hiroshima-Gedicht von Marie Luise Kaschnitz? Für Kinder lieber nicht? Ich glaube, wir müssen es wagen, alle unsere Gedichte an Kinder weiterzugeben. Gewiß mit der Furcht, daß es für Unfaßbares keine Worte gibt.

Das lyrische Ich
In der Welt gibt es immer nur ein einziges Ich. Es ist unverwechselbar und noch jenseits aller gen-entwickelten Vorstellungen. Die Welt, ich und die Welt. Und ich? Auch Kinder erfahren und fühlen das Fragezeichen, dieses vielgeprüfte »Ich weiß nicht«, drei kleine Worte nur, dennoch Schlüssel zu allen Fragen. – So das Gedicht von Hans Manz: »Ich – träu-

merisch, träge, / schlafmützig, faul. / Und ich – ruhelos, neugierig, / hellwach, betriebsam. / Und ich – kleingläubig, feige, / zweiflerisch, hasenherzig. / Und ich – unverblümt, frech, / tapfer, gar mutig. / Und ich – mitfühlend, zärtlich, / hilfsbereit, beschützend. / Und ich – launisch, gleichgültig, / einsilbig, eigenbrödlerisch. / Erst wir alle zusammen sind ich.« (Seite 77)

Rose Ausländer dichtet: »Heute Morgen / habe ich mich / erfunden / – Ich bin ich / und frag mich / was soll ich tun / – Ich will / die Welt erfinden / Dinge Worte / deine Liebe«. – Und in einem Gedicht von Marie Luise Kaschnitz heißt es: »Ich der Fisch / Ich die Reuse / Ich der Apfel / Ich das Messer ...« – Bei Elisabeth Borchers heißt es: »Drei Buchstaben, ich, nicht zu schützen / vor zehn Geboten, nicht abzusichern / gegen Lug und Trug etc.«. – Und Rainer Malkowski dichtet: »Am Anfang hatten sie keinen Teller für mich, / denn ich war ihnen nicht ähnlich. / – Da begann ich mich zu verstellen. / Ich lernte die Suppe zu löffeln wie sie. / – Jedes Jahr wurde ich ihnen ähnlicher, / und eines Tages / heiratete ich die Tochter des Kochs. / – Wollte ich heute sein wie am Anfang: / ich müßte mich wieder verstellen.« (Seite 139)

Alle diese Sätze vom erfahrenen unerfahrenen Ich sind alterslos. Wie unterschiedlich ihre poetische Substanz auch sein kann, in allen Gedichten spricht das Ich des Dichters mit dem Ich des Lesers. Welches Gedicht uns (und dem Kind) nun *ich* sagt, bestimmt nicht das Gedicht. Es fällt uns zu – wie eine *Flaschenpost*, die uns zufällig erreicht. Vielleicht ein Wunder, wie es Wisława Szymborska im Gedicht »Jahrmarkt der Wunder« beschreibt: »Ein Wunder von vielen: / eine kleine und flüchtige Wolke, / aber sie kann den großen schweren Mond verschwinden lassen.« (Seite 40)

Großer Ozean

Das sogenannte Kindergedicht ist also immer – wenn man den vorangestellten Ausführungen folgen möchte – auch Erwachsenengedicht. Die lyrische Aussage über gemeinsames Erleben verbindet die Generationen miteinander. Diesen Spuren folgt die vorliegende Anthologie. Gedichte aus meinen Jahrbüchern der Kinderliteratur (Bd. 8–10) mischen sich mit Texten, die neu geschrieben wurden. Hinzu kommen Gedichte aus der Erwachsenenlyrik. Hierbei habe ich auch aus zurückliegenden Jahrzehnten (der Entstehung) gewählt – doch mit Maßen und vorzugsweise Gedichte, die bisher im Rahmen der Kinderpoesie noch nicht oder nur wenig gesichtet worden sind. Es fehlen auch nicht Gedichte der Kriegs- und Nachkriegsgeneration sowie Texte der modernen Lyrik. Dennoch fehlen natürlich Namen, die man gern *auch* noch gefunden hätte. Aber auf Vollständigkeit habe ich nicht gesetzt. (Dazu wären, großzügig und kaum kalkulierbar, tausend Seiten notwendig.) Mir ging es um eine brauchbare Auswahl, und letzten Endes waren meine eigenen Vorlieben naheliegend. Hierzu gehört der einzige Rückgriff auf das 19. Jahrhundert, das kaum übersetzbare ABC des Edward Lear, den ich zu den wunderbaren Anregern unserer modernen Kinderpoesie zähle. Daß ich Ernst Jandl besonders viel Platz eingeräumt habe, möchte ich im gleichen Sinn werten. Im übrigen ergänzen meine Lyrik-Anthologien »Die Stadt der Kinder« (1969) und »Überall und neben dir« (1986) diese neue Anthologie – kein Text erscheint doppelt. Somit sind es zusammen an die 700 Seiten heutiger Kinderpoesie. Diesmal habe ich zusätzlich auch Übersetzungen aus anderen Sprachen gewählt. (Und es sind keine geringen Beispiele.) Ihren Anteil sollte man zukünftig erweitern. Hier ist es jedenfalls ein Hinweis auf jenen Teil der Weltpoesie, der für Kinder überaus anregend wäre. In dieser Hinsicht ist hierzulande zu wenig geschehen.

Bilder sind ein Phänomen der Kinderliteratur. Auch die vorliegenden Texte werden von Bildern begleitet. (Hauptsächlich Bilder aus meinem 10. Jahrbuch, das bereits vergriffen ist.) Warum eigentlich Bilder, Illustrationen, Fotos? Sind Gedichte an sich nicht bilderreich genug? Keine Frage, hier haben wir es mit einem Vorrecht der Kinder zu tun. Natürlich auch mit einer Tradition, die allerdings im vorliegenden Fall auf den Kopf gestellt wird: Kaum ein Bild gehört nämlich unmittelbar zum Text oder ist für den jeweiligen Text gezeichnet. Die Bilder sind in ihrer eigenen Aussage Zuwendungen mit unterschiedlicher Intensität, assoziativ geben sie dieser Sammlung anregende Spannweite.

Zum Schluß noch mein Rat für Leser: Die Gedichte aus dem großen Meer der Weltpoesie sollten nach Art der *Flaschenpost* aufgenommen werden – lesen, was sich blätternd finden läßt. Schließlich ist dies kein Buch für einen Monat und einen Tag – der Vorrat reicht für viele Jahre.

Hans-Joachim Gelberg

Julia Kaergel

Inhalt

Autoren, Autorinnen, Künstler und Künstlerinnen – ihre Texte und Bilder:
Falls nicht anders nachgewiesen: Original-Manuskript (oder Nachdruck aus 8., 9., 10. Jahrbuch der Kinderliteratur)

Leonie Achtnich
geb. 1986, lebt in Leonberg, Schülerin. (Bundessiegerin im Vorlesewettbewerb 1999.)

Rund um die Welt 174

Jürg Amann
geb. 1947 in Winterthur/Schweiz. Lebt in Zürich. Veröffentlichte Romane, Erzählungen, Stücke. Ingeborg-Bachmann-Preis, Klagenfurt.

Wenn man nur wüsste 226

Jürg Amann – Übersetzer siehe Sarah Cantor

Alfred Andersch
geb. 1914 in München, gest. 1980 in Berzona. Veröffentlichte Romane, Erzählungen, Hörspiele, Gedichte, Reportagen, Rundfunkarbeit. Hg. der Zeitschrift »Texte und Zeichen« (1955–57). Nelly-Sachs-Preis der Stadt Dortmund.
Nachdruck aus: A.A., empört euch der himmel ist blau, Gedichte und Nachdichtungen 1946–1977, Diogenes Verlag, Zürich 1977

Bewegliche Hinterlassenschaft 215

Gerda Anger-Schmidt
geb. 1943 in Wels/OÖ., lebt in Wien. Dolmetscher- u. Übersetzerstudium. Veröffentlichte Texte für Kinder, Erzählungen, Kinderbücher.

Die gefährlichen Piraten 79

Martin Anton
(d.i. Dr. Helge Weinrebe), geb. 1950 in Rostock, lebt in Mittelbiberach. Studium Erziehungswissenschaften, Deutsch, Bildende Kunst; tätig in der Lehrerbildung. Veröffentlichte Texte in Lesebüchern.

Der-die das-Artikel 144
Eine schöne Geschichte 171

Hans Arp
geb. 1886 in Straßburg, gest. 1966 in Basel. Bildhauer, Dichter, Maler.
Nachdruck aus: H. A., Gesammelte Gedichte, Bd. 3 (1957–1966), hrsg. Von Aimee Bleikasten. Verlag AG Die Arche Verlag, Zürich 1984.

Der Sehmann 203

Martin Auer
geb. 1951 in Wien, lebt in Wien. Versch. Berufe, u. a. Schauspieler, Dramaturg, Werbetexter, Zauberkünstler, Entertainer. Veröffentlichte Gedichte, Erzählungen, Kinderbücher. Ausgezeichnet mit dem Österr. Staatspreis.

Abzählreim 160
Noch 96
Rätselhafte Kinderlieder: Das
   Geheimnis des Safrans 82
Unnützes Gedicht 199

Cornelia Augustin
geb. 1961 in Wachenheim/Pfalz, lebt in München. Ausbildung als Kinderkrankenschwester, arbeitete in der Kinder- u. Jugendpsychiatrie. Veröffentlichte Gedichte, Kinderbücher.

Entdeckung der Welt vom Boden aus 151
Fünf Rätsel-Haikus 137
nichts er durfte, nichts 37

Rose Ausländer
geb. 1901 in Czernowitz / Bukowina, gest. 1988 in Düsseldorf. Lebte 1941–44 im Czernowitzer Ghetto, ab 1943 in Kellerverstecken, später zeitweise in New York, ab 1965 in Düsseldorf. Veröffentlichte Gedichte; ges. Werke ab 1985.
Nachdruck aus: R. A., Gesammelte Werke in sieben Bänden. Herausgegeben von Helmut Braun. Als wäre, Die Götter, Ich vergesse nicht aus »Ich höre das Herz des Oleanders«. Gedichte 1977–1979, S. Fischer Verlag GmbH, Frankfurt a. M. 1984. Mensch aus versehen aus »Die Sichel mäht die Zeit zu Heu«. Gedichte 1957–1965, S. Fischer Verlag GmbH, Frankfurt a. M. 1985.

Als wäre 209
Die Götter 210
Ich vergesse nicht 142
Mensch aus Versehen 77

Verena Ballhaus – Bilder: 24, 30, 31, 42, 47, 49, 78, 81, 89, 129, 170, 171, 187

Jutta Bauer – Bilder: 34, 48, 105, 109, 114, 131, 143, 233

Werner Bergengruen
geb. 1892 in Riga, gest. 1964 in Baden-Baden. Veröffentlichte Romane, Erzählungen, Gedichte.
Nachdruck aus: W. B., »Gestern fuhr ich Fische fangen …«. Hundert Gedichte. Hrsg. von N. Luise Hackelsberger, Arche Verlag AG, Raabe + Vitali, Zürich 1992.

Wiegenlied für meinen Sohn 189

Rotraut Susanne Berner – Bilder: 1, 12, 20, 33, 50, 61, 153, 156, 185, 212

F. W. Bernstein

geb. 1938 (als Fritz Weigle) in Göppingen, lebt in Berlin. Studium an der Kunsthochschule Stuttgart u. Berlin, seit 1984 erster deutscher Professor für Karikatur und Bildgeschichte an der Hochschule der Künste in Berlin. Nachdruck aus: F. W. B., Reimwelt. Gedichte und Prosa. Ausgewählt von Eckhard Henscheid. Verlag Philipp Reclam jun., Stuttgart 1994 (Mahlzeit) und: F. W. B., Lockruf der Liebe, Mein Lieblingserlöser aus »Lockruf der Liebe«, Haffmanns Verlag AG, Zürich 1988

An und für Dich 160
Mahlzeit 35
Mein Lieblingserlöser 198

Franziska Biermann

geb. 1970 in Bielefeld, lebt in Hamburg. Studierte Komunikat.-Design. Illustratorin, Grafikerin. Veröffentlichte Kinderbücher.

Die Mäzenin 110

Franziska Biermann – Bilder 21, 22, 63, 110, 148, 149, 157, 188

Wolf Biermann

geb. 1936 in Hamburg, siedelte 1953 in die DDR über, wurde 1976 während einer Konzertreise in der BR aus der DDR ausgebürgert. Lyriker, Liedersänger. Georg-Büchner-Preis (1991). Nachdruck aus: W. B., Alle Lieder. Verlag Kiepenheuer & Witsch, Köln 1991

Ermutigung 45
Wann ist denn endlich Frieden 213

Richard Bletschacher

geb. 1936 in Füssen, lebt in Wien. Regisseur an der Wiener Staatsoper. Veröffentlichte Operntexte, Kindergedichte, einen Roman.

Der dumme August 89
Der Zauberkünstler Hadraczek 128

Rosita Blissenbach

(zuvor Davidson), geb. 1953 in Bensberg, lebt als freie Autorin in Köln. Mitarbeit beim WDR. Veröffentlichte Platten, Gedichte, Liedtexte.

Die Rache 30
In der Nacht 162

Heinrich Böll

geb. 1917 in Köln, gest. 1985 in Kreuzau (Kr. Düren). Veröffentlichte Romane, Erzählungen. Georg-Büchner-Preis (1967), Nobelpreis (1972).

Nachdruck aus: Heinrich Böll. Bilder eines Lebens. Herausgegeben von Hans Scheurer. Verlag Kiepenheuer & Witsch, Köln 1995

Für Sammy 39

Elisabeth Borchers

geb. 1926 in Homberg (bei Duisburg), lebt in Frankfurt a. M. MA an der Ulmer Hochschule für Gestaltung. Seit 1960 Lektorin bei Luchterhand, dann bei Suhrkamp / Insel. Veröffentlichte Anthologien, Gedichte, Kinderbücher. Dtsch. Jugendbuchpreis, versch. Literaturpreise. Nachdruck der Gedichte aus: E. B., Gedichte. Ausgewählt von Jürgen Becker. Suhrkamp Verlag, Frankfurt a. M. 1979 (Ich erzähle dir); E. B., Von der Grammatik des heutigen Tages. Suhrkamp Verlag, Frankfurt a. M. 1992 (Kleines Wörterbuch); E. B., Wer lebt. Suhrkamp Verlag, Frankfurt a. M. 1986. (Was alles braucht's zum Paradies); Borchers, Und oben schwimmt die Sonne davon. Ellermann Verlag, München. Mit Erlaubnis der Autorin (neuer Titel: Jahreszeiten).

Fragen der Kinder an E. Borchers 16
Ich erzähle dir 219
Jahreszeiten 14
Kleines Wörterbuch 48
Was alles braucht's zum Paradies 178

Harald Braem

geb. 1944 in Berlin, lebt in Wiesbaden. Kunstprofessor und Schriftsteller. Veröffentlichte Erzählungen, Romane.

Computer-Lied 149

Christine Brand – Bilder: 11, 25, 26/27, 35, 46, 59, 62, 71, 90, 102, 127, 129, 133, 162, 167, 172, 181, 183, 187, 191, 199, 206, 220, 261

Sophie Brandes – Bild: 166

Bertolt Brecht

geb. 1898 in Augsburg, gest. 1956 in Berlin. Studierte zunächst Medizin und Naturwissenschaft. Wurde Dramaturg in Berlin, emigrierte nach Dänemark, Finnland, USA. Lebte zuletzt in Ost-Berlin. Veröffentlichte Theaterstücke, Gedichte, Romane. Erhielt viele Literaturpreise. Nachdruck der Gedichte aus: Die Gedichte von Bertolt Brecht, Suhrkamp Verlag, Frankfurt a. M 1967

Der Rauch 188
Kinderkreuzzug 72
Zum Gedicht »Kinderkreuzzug« (von Iring Fetscher) 74
Legende von der Entstehung des Buches Taoteking 100
Von den großen Männern 140
Zum Gedicht »Von den großen Männern« (von Iring Fetscher) 140

Alfred Brendel

geb 1931, lebt in London. Veröffentlichte Gedichte.
Nachdruck aus: Jahrbuch der Lyrik 2000. Herausgegeben von
Christoph Buchwald und Raoul Schrott, C. H. Beck Verlag,
München 1999

Als die künstlichen Menschen 152

Jutta Bücker – Bilder: 76, 158

Christine Busta

(d. i. Christine Dimt), geb. 1915 in Wien, gest. 1987 in Wien.
Studierte Germanistik u. Anglistik. Verschiedene Berufe, Bi-
bliothekarin. Veröffentlichte Gedichte. Erhielt den Georg-
Trakl-Preis (1954).
Nachdruck aus: C. B., Wenn du das Wappen der Liebe malst,
1981 (Merkverse, Worte); Salzgärten, 1975 (Kleine Laudatio
für einen Kiesel, Reisenotizen); Der Regenbaum, 1977 (Verse von den gefundenen Dingen …). Alle Otto Müller Verlag,
Salzburg

Kleine Laudatio für einen Kiesel 99
Merkverse 222
Reisenotizen 108
Verse zu den gefundenen Dingen
  eines Knaben 166
Worte 178

Sarah Cantor

geb. 1972 in Vermont/USA, studierte Alte Musik u. Ballett,
lebt in Bloomington/Indiana.

Gefühle 193

Sigrun Casper

geb. 1939, lebt in Berlin.

Die anderen und ich 193

Paul Celan

(d.i. Paul Antschel), geb. 1920 in Czernowitz / Bukowina,
gest. 1970 in Paris. Studierte Romanistik. Während der dtsch.
Besetzung kam er in ein Arbeitslager, arbeitete danach als
Übersetzer und Lektor für russ. Literatur in Bukarest, emigrierte 1947 nach Wien, dann nach Paris, lebte dort als Lektor und Übersetzer. Veröffentlichte ein bedeutendes lyri-
sches Werk. Georg-Büchner-Preis (1960).
Nachdruck aus: P. C., Ges. Werke in fünf Bänden, Bd. 3,
Suhrkamp Verlag, Frankfurt a. M. 1983

Abzählreime 46

Nora Clormann-Lietz

geb. 1934 in Elbing, lebt in Wiesbaden. Grafikstudium, freie
Autorin. Veröffentlichte Theaterstücke, Gedichte, Illustrationen.

Atmosphaere 96

Ein Adamsapfel wächst nicht im
  Garten 80
Gelingelt 107
Langeweile? Tu was! 35
Regenwurm 78
Was zum Kuss gehört 201

Hans Debray

geb. 1940 in Berg. Gladbach, Ausbildung zum Glockenwart,
lebt als Fremdenführer in Traunstein.

Wenn 197

Karl Dedecius – Übersetzer, siehe Vasko Popa, Tadeusz
Różewicz, Wisława Szymborska

Fritz Deppert

geb. 1932 in Darmstadt, lebt in Darmstadt. Leitete dort die
Bertolt-Brecht-Schule, Lektor des Literarischen März. Veröffentlichte Lyrik, Prosa, Hörspiele.

Heuschnupfenkind 187

Róża Domašcyna

geb. 1951 in Zerna/Serjany in der Lausitz. Lyrikerin, Drama-
tikerin, veröffentlichte Übersetzungen aus dem Russischen
ins Sorbische und aus dem Sorbischen ins Deutsche. Die russischen Volksreime wurden mit Kairst Bakbergenow übersetzt.

Wer hat was gesagt? 47

Matthias Duderstadt

geb. 1950 in Hannover, lebt in Bremen. Studierte Germanistik, Philosophie, Kunstpädagogik, seit 1976 Lehrbeauftrag-
ter für Ästhetik an der Uni Bremen. Veröffentlichte u. a. auch
Kinderbücher.

Herbst 218
Reichtum 227
Zeitungsfoto 113

Philippe Duhoux – Foto: 237

Werner Dürrson

geb. 1932 im Schwarzwald, lebt in Oberschwaben. Veröffentlichte Lyrik, Übersetzungen. Erhielt den Literaturpreis der
Stadt Stuttgart.

Sonne 2000 96

Angelika Ehret

geb. 1960 in Zell (Schwarzwald), lebt in Nordrach. Arbeitet
in einem Archiv und einem Museum. Veröffentlichte Gedichte (auch in Mundart), Texte für Kinder.

Der Unterschied 13
Zeitungsmeldung 161

Günter Eich

geb. 1907 in Lebus a. d. Oder, gest. 1972 in Salzburg. Studierte Sinologie. Nach dem Krieg Mitbegründer der Gruppe 47. Veröffentlichte Lyrik, Erzählungen, Hörspiele. Georg-Büchner-Preis (1959).
Nachdruck der Gedichte aus: G. E., Gesammelte Werke in 4 Bänden, Bd.1. Herausgegeben von Axel Vieregg. Suhrkamp Verlag, Frankfurt a. M. 1991

Geh aus, mein Herz 224
Inventur 216
Zum Gedicht »Inventur« (von Ferdinand Müller) 216
Ungewohntes Wort 96
Wo ich wohne 99
Zunahme 136

Michael Ende

geb. 1929 in Garmisch-Partenkirchen, gest. 1995 in Stuttgart. Schauspieler, Filmkritiker, freier Autor. Veröffentlichte Romane, Gedichte, Kinderbücher, die mehrfach preisgekrönt wurden. Erhielt zweimal den Dtsch. Jugendbuch- bzw. Jugendliteraturpreis.
Nachdruck aus: M. E., Das Schnurpsenbuch. K. Thienemanns Verlag, Stuttgart 1969

Ein Schnurps grübelt 22

Klaus Ensikat – Bilder: 28, 29, 45, 70, 104, 130, 145, 160, 161, 231

Hans Magnus Enzensberger

geb. 1929 in Kaufbeuren / Allgäu, lebt in München. Studium Germanistik, Philosophie. Arbeit als Rundfunkredakteur, Gastdozent an der Ulmer Hochschule für Gestaltung, Verlagslektor bei Suhrkamp. Gründete Zeitschriften (»Kursbuch«), arbeitet als Übersetzer, Kulturkritiker, Herausgeber und Verleger (»Die andere Bibliothek«) und veröffentlichte u. a. Lyrik. Georg-Büchner-Preis (1963).
Nachdruck aus: H. M. E., Landessprache, Suhrkamp Verlag, Frankfurt a. M., 1969

das ende der eulen 217

Hans Magnus Enzensberger – Übersetzer, siehe William Carlos Williams

Wolf Erlbruch – Bild: 3, Einband

Christoph Eschweiler – Bild: 19

Werner Färber

geb. 1957 in Wassertrüdingen, lebt in Freiburg. Studierte Anglistik u. Sport. Seit 1985 freier Autor, Übersetzer und Mitarbeiter beim Rundfunk. Veröffentlichte Kinderbücher, Hörspiele.

Gedicht 154

Lino Fastnacht – Bilder: 55, 91, 107, 137, 150, 159, 210, 262

Iring Fetscher – siehe Bertolt Brecht

Wolfgang Fischbach

geb. 1949 in Bielstein, lebt in Wuppertal. Grafik-Designer, Illustrator. Veröffentlichte Kinderbücher. Jugendbuchpreis der Stadt Oldenburg (1978).

Ein Mann 153

Karlhans Frank

geb. 1937 in Düsseldorf, lebt in Gelnhaar / Hessen. Seit 1961 freier Schriftsteller. Veröffentlichte Lyrik, Erzählungen, Romane, zahlreiche Kinderbücher.

Uschelreime 11

Frederike Frei

geb. 1945, lebt in Potsdam als freie Autorin. Veröffentlichte u. a. Lyrik, verlegte und verkaufte ihre Texte zeitweise selbst.

Wolpertinger und Liebe 48

Erich Fried

geb. 1921 in Wien, gest. 1988 in Baden-Baden. Nach dem Anschluß Österreichs 1938 Flucht nach England, arbeitete dort als Milchchemiker, Glasarbeiter, Bibliothekar, dann Mitarbeiter der BBC. Veröffentlichte Übersetzungen (Shakespeare), Erzählungen, Romane und Lyrik. Georg-Büchner-Preis (1987).
Nachdruck aus: E. F., Gesammelte Werke. Herausgegeben von Volker Kaukoreit und Klaus Wagenbach, Verlag Klaus Wagenbach, Berlin 1993

Angst und Zweifel 94
Befreiung von den großen Vorbildern 76
Der Mausefall 131
Kleine Frage 168
Macht der Dichtung 234

Roswitha Fröhlich

geb. 1924 in Berlin, lebt in Mannheim. Studium an der Kunstakademie, arbeitete als Funkredakteurin. Veröffentlichte Hörspiele, Lyrik, Romane, Kinderbücher.

Dort, wo die Welt aufhört 65

Alexa Gelberg – Fotos: 10, 173

Hans-Joachim Gelberg

geb. 1930 in Dortmund, lebt in Weinheim/Bergstraße. Arbeitete als Buchhändler, Fachlehrer, Lektor, leitete bis 1997 das Programm Beltz & Gelberg im Beltz Verlag; seither freier Autor. Veröffentlichte als Herausgeber das Kindermagazin »Der Bunte Hund« sowie zahlreiche Anthologien, u. a. die »Jahrbücher der Kinderliteratur«. Deutscher Jugendbuchpreis (1972), Preis der Dtsch. Umweltstiftung (1990).

Klopfzeichen der Kinderpoesie 238

Robert Gernhardt

geb. 1937 in Reval / Estland, gest. 2006 in Frankfurt a. M. Studierte Germanistik und Malerei. Redakteur der Satire-Zeitschrift »pardon«, später Mitbegründer des Satiremagazins »Titanic«. Veröffentlichte Romane, Erzählungen, Essays, vor allem Lyrik sowie Cartoons und ein großes zeichnerisches Werk. Nachdruck aus: R. G., Gedichte 1954–1997, Haffmans Verlag AG, Zürich 1999

Indianergedicht 24
Katz und Maus 57
Liebesgedicht 85

Helga Glantschnig

geb. 1958 in Klagenfurt, lebt in Wien. Studierte Pädagogik, Philosophie. Deutschlehrerin für fremdsprachige Kinder, Lehrbeauftragte. Veröffentlichte Sachbücher, Romane, Lyrik.

Meerschwein und Meerschwein 183
Tintenfisch und Tintenfrau 153

Willi Glasauer – Bild: 113

Dorothea Göbel – Bilder 41, 77

Sebastian Goy

geb. 1943 in Stuttgart, lebt in Berlin. Lehrer, Hörspieldramaturg beim SFB, freier Schriftsteller. Veröffentlichte Hörspiele, Theaterstücke, Kinderbücher.

Liebeserklärung an einen Apfel 172

Günter Grass

geb. 1927 in Danzig, lebt in Berlin und Norddeutschland. Im Krieg Flakhelfer, nach amerik. Gefangenschaft Landarbeiter, Tagelöhner in einem Kalibergwerk, dann Steinmetzlehre, Schüler von Otto Pankok an der Kunstakademie Düsseldorf, studierte Bildhauerei in Berlin. Veröffentlichte als freier Autor Romane, Erzählungen, Essays, Lyrik und bildnerische Werke. Georg-Büchner-Preis (1965), Nobelpreis (1999).
Nachdruck aus: G. G., Werkausgabe, Band 1, Gedichte und Kurzprosa, Steidl Verlag, Göttingen 1997

Bei hundert Grad 172
Zuspruch für Anna 118

Erwin Grosche

geb. 1955 in Berge/Krs. Lippstadt, lebt in Paderborn. Schauspieler, Kabarettist, Schriftsteller. Veröffentlichte Kinderbücher. Erhielt den dtsch. Kleinkunstförderpreis (1985).

Abschiedsbrief der Frau Schmidt 205
Das Nichts 55
Der freche Weckdienst 133
Der Weckdienst 21
Die kleinen Krebse 183
Nach dem Spülen 49
Übermütige Sätze 91

Wilfried Grote

geb. 1940 in Hannover, lebt in München als freier Autor. Veröffentlichte Theaterstücke für Kinder, Schallplatten, Lieder. Erhielt den Preis der Autorenstiftung, Frankfurt a. M. (1984).

Schuh und Eier 191

Josef Guggenmos

geb. 1922 in Irsee (Allgäu), gest. 2003 in Irsee. Studium der Kunstgeschichte, Germanistik. Als Verlagslektor tätig, danach Übersetzer und freier Autor. Veröffentlichte Lyrik, Erzählungen, Kindergedichte, zahlreiche Kinderbücher. Erhielt u. a. die Prämie zum Dtsch. Jugendbuchpreis (1968), den Großen Preis der Dtsch. Akademie für Kinder- u. Jugendliteratur (1992), den Sonderpreis für Lyrik zum Dtsch. Jugendliteraturpreis, ebenso den Österr. Staatspreis für Kinderlyrik (1993).

Ein Apfel fällt 85
Erstes Schneeglöckchen 93
Glück 192
Ich geh durchs Dorf 78
Kalter Tag 218
Man findet ihn nicht überall 202
Mein Tag und dein Tag (5 Haikus) 61
Ob ich das schaff? 21
Was ist der Löwe von Beruf? 104

Peter Hacks

geb. 1928 in Breslau, gest. 2003 in der Nähe von Berlin. Studierte Soziologie, Philosophie, Germanistik. Veröffentlichte Theaterstücke, Essays, Lyrik, Kinderbücher. Viele Literaturpreis, u. a. den Sonderpreis zum Dtsch. Jugendliteraturpreis (1998).
Nachdruck aus: P. H., Der Flohmarkt. Eulenspiegel Verlag, Berlin 2001

Der blaue Hund 186

Eva Häfliger – Bild: 190

Mustafa Haikal

geb. 1958 in Leipzig, lebt ebendort. Studium der Geschichte, Dr. phil. Arbeiten für Kinderfunk. Veröffentlichte Sachbücher, Kinderbücher.

Preisrätsel 32
Verschwunden 120

Peter Härtling

geb. 1933 in Chemnitz, lebt in Mörfelden-Walldorf. Journalist, Lektor, Verlagsleiter, seit 1973 freier Autor. Veröffentlichte Lyrik, Essays, Romane, Kinderbücher. Erhielt zahlreiche Literaturpreis, u. a. den Dtsch. Jugendbuchpreis (1976), ferner den Zürcher Kinderbuchpreis (1980).
Nachdruck (Versuch, mit meinem Sohn zu reden – erster Teil des Gedichts »Zwei Versuche, mit meinen Kindern zu reden«) aus: P. H., Werke, Band 8. Gedichte, Verlag Kiepenheuer & Witsch, Köln 1999

Ein Pudel spricht zur Nudel 58
Versuch, mit meinem Sohn zu reden
214

Wolf Harranth

geb. 1941 in Wien, lebt in Wien. Verlagslektor, MA beim ORF, Übersetzer, freier Autor. Veröffentlichte Texte für Kinder, erhielt mehrfach den Österr. Staatspreis und als Übersetzer den Deutschen Jugendliteraturpreis (1982).

Geburtstagsgedicht (1) 163
Geburtstagsgedicht (2) 163
Zoologie 160

Nikolaus Heidelbach – Bilder: 23, 132

Karola Heidenreich

geb. 1947 in Hornberg (Schwarzwald), lebt in Ban sur Meurthe-Clefcy (Frankreich). Ausbildung als Krankenschwester. Veröffentlichte Lyrik u. Prosa.

Auf dürrem Ast 207

Manfred Peter Hein

geb. 1931 in Darkehmen/Ostpreußen, lebt als freier Schriftsteller in Karakallio/Finnland. Studierte Germanistik. Veröffentlichte Lyrik, Erzählungen, Essays, Übersetzungen. Erhielt u.a. den Peter-Huchel-Preis (1984).

Der Specht 59

Renate Herfurth – Bild: 65

Norbert Höchtlen

geb. 1945 in München, lebt in München. Grafik-Studium, arbeitet in einer Werbeagentur, veröffentlichte Bilderbücher.

Heute im Angebot 35
Wahnsinnig verliebt 200

Franz Hodjak

geb. 1944 in Hermannstadt, lebte als Verlagslektor in Klausenburg (Rumänien), übersiedelte 1992 nach Deutschland. Veröffentlichte Romane, Erzählungen, Gedichte. Zahlreiche Literaturpreise.

Kinderlied 39

Franz Hohler

geb. 1943 in Biel (Schweiz), lebt als Kabarettist und Schriftsteller in Zürich. Veröffentlichte Erzählungen, Romane, Lyrik, Bücher für Kinder. Erhielt u. a. den Kinder- u. Jugendbuchpreis der Stadt Oldenburg (1978).
Nachdruck aus: F. H., Vierzig vorbei. Gedichte. Luchterhand Literaturverlag, Darmstadt 1988 bzw. Luchterhand Verlag, München

Sprachlicher Rückstand 143

Rainer Hohmann

geb. 1944 in Borken bei Kassel. Lehrer, veröffentlichte Lyrik.

Großmutter 117

Britta van Hoorn – Bild: 115

Ingrid Huber

geb. 1955 in Landshut / Niederbay., lebt in Ergolding. Dipl. Finanzwirt, jetzt freie Schriftstellerin. Veröffentlichte Lyrik, Erzählungen.

Riesenaufwand 169

Hanns Dieter Hüsch

geb. 1925 in Moers, gest. 2005 in Köln. Liedermacher, Kabarettist.
Nachdruck aus: Mein Gedicht ist die Welt. Deutsche Gedichte aus zwei Jahrhunderten. Herausgegeben von Hans Bender und Wolfgang Weyrauch, Büchergilde Gutenberg, Frankfurt a. M. 1982. Mit Erlaubnis des Autors und Satire Verlags.

Kinderlied 212

Marie-Luise Huster

geb. 1947 in Herten i. W., lebt in Hamburg. Studium der Psychologie, Soziologie, Philosophie. Veröffentlichte Lyrik, Hörspiele.

Robinson Kruse 104

Ernst Jandl

geb. 1925 in Wien, gest. 2000 in Wien. Studierte Germanistik, Anglistik. Lehrer an höh. Schulen, dann freier Schriftsteller. Veröffentlichte Lyrik, Essays, Höspiele. Erhielt den Georg-Büchner-Preis (1984).
Nachdruck aus: E. J., Poetische Werke in 10 Bänden, herausgegeben von Klaus Siblewski, Luchterhand Verlag, München 1997

der erfolg 185
der goldfisch 36
der tisch 67
Ein bestes Gedicht 155
ein schulmädchen 198
eulen 91
florians eltern 77
immer höher 236
im schlaf 210
inhalt 145
leises gedicht 44
menschenfleiß 132
ottos mops 155
vater komm erzähl vom krieg 224

Gerald Jatzek
geb. 1956 in Wien, lebt in Wien. Veröffentlichte Lieder, Gedichte, Hörspiele, Kinderbücher.

Die Kinder mit dem Plus-Effekt 195
Die Zeit 32
Drei Krähen saßen auf einem Stein 26
Gedichte unterwegs 28
Rumpelstilz sucht Freunde 106
Wutsprüche 81

Jellymountain – Bilder: 2 (Foto), 7, 34, 48, 57, 75, 93, 94, 95, 121, 134, 144, 152 (Foto), 153, 200 u. 219 (Fotos)

Peter Jepsen
geb. 1947 in Flensburg, lebt in Hamburg.

Das Leben 142
Dieses kleine Gedicht 79
Graue Ha re 61
Ich erfinde eine Farbe 161
Komma! 143
Messergabelschere 67

Hanna Johansen
geb. 1939 in Bremen, lebt in Kilchberg bei Zürich. Veröffentlichte Übersetzungen, Romane, Erzählungen, Kinderbücher. Verschiedene Literaturpreise, Marie-Luise-Kaschnitz-Preis (1986).

Das Sonntagshuhn 90
Das Vierhornschaf 156
Gespenster 121
Zehn Hasengedichte 33

Hanne F. Juritz
geb. 1942 in Straßburg, lebt in Hessen. Veröffentlichte Lyrik, Erzählungen.

Wenn ich mein Bett nicht hätt 88

Julia Kaergel – Bilder: 32, 97, 125, 177, 215, 245

Marie Luise Kaschnitz
geb. 1901 in Karlsruhe, gest. 1974 in Rom. Ausbildung als Buchhändlerin. Veröffentlichte Romane, Erzählungen, Lyrik, Essays. Georg-Büchner-Preis (1955).
Nachdruck aus: Gesammelte Werke in sieben Bänden. Herausgegeben von Christian Büttrich und Norbert Miller. Band 5 Gedichte, Insel Verlag, Frankfurt a. M. 1985 (Müllabfuhr); Ges. Werke, Gedichte (vergr.), Claassen Verlag, Hildesheim (Auf der Erde, Die Katze, Ein Gedicht)

Auf der Erde 138
Die Katze 164

Ein Gedicht 170
Müllabfuhr 41

Norbert C. Kaser
geb. 1947 in Brixen/Südtirol, gest. 1978 in Bruneck. Studierte Kunstgeschichte. Aushilfslehrer u. a.
Nachdruck aus: n. c. k., gedichte. (gesammelte werke, band 1), herausgegeben von Sigurd Paul Scheichl, Haymon-Verlag, Innsbruck 1988

was du nicht tun sollst 118

Detlef Kersten – Bild: 119

Kinderbriefmarke – Entwurf von Barbara Dimanski 229

Sarah Kirsch
geb. 1935 in Limlingerode (Harz), lebt in Schleswig-Holstein. Studierte Biologie. Veröffentlichte Lyrik, Erzählungen. Erhielt den Georg-Büchner-Preis (1996).
Nachdruck aus: S. K., Werke in fünf Bänden, Band II, Deutsche Verlags-Anstalt, Stuttgart 1999

Ausschnitt 44

Simone Klages – Bilder: 4, 9, 37, 82, 117, 124, 139, 142, 169, 201

Margaret Klare
geb. 1932 in Essen, lebt bei Bonn. Studierte Sprachwissenschaft. Veröffentlichte Lyrik, Kinderbücher. Erhielt den Peter-Härtling-Preis (1988).

Katz und Maus 124

Paul Klee
geb. 1879 bei Bern, gest. 1940 in Muralto bei Lorcano. Bauhaus-Lehrer, Prof. an der Akademie in Düsseldorf, Übersiedlung nach Bern. Veröffentlichte neben seinen bedeutenden Bildern auch kunstpädagogische Schriften.
Nachdruck aus: P. K., Gedichte. Hrsg. von Felix Klee, Arche Verlag AG, Zürich – Hamburg, 1960, 1980, 1996

Die großen Tiere trauern am Tisch 144
Herr Abel und Verwandte 136

Christine von dem Knesebeck
geb. 1947 in Hamburg, lebt als freie Autorin in München, studierte Germanistik und Geschichte.

Ob ich ihr sag, dass ich sie mag? 29

Uwe Kolbe
geb. 1957 in Berlin, lebt in Berlin. Veröffentlichte Lyrik. Nachdruck aus: U. K., Vineta, Suhrkamp Verlag, Frankfurt a. M., 1998

Balde 145

Klaus Kordon
geb. 1943 in Berlin, lebt in Berlin. Studierte Volkswirtschaft. Exportkaufmann, freier Schriftsteller. Veröffentlichte Ro-

mane, Kinderbücher. Erhielt den Friedrich-Gerstäcker-Preis (1982), den Zürcher Kinderbuchpreis (1985), den Dtsch. Jugendliteraturpreis (1995).

Warum? 109

Michail Krausnick

geb. 1943 in Berlin, lebt in Neckargemünd. Dr. phil. Veröffentlichte Hörspiele, Lyrik, Kinderbücher.

Pausenliebe 201
Werbespott 112

Ursula Krechel

geb. 1947 in Trier, lebt in Berlin. Studierte Germanistik, Theaterwissenschaft, Kunstgeschichte. Freie Schriftstellerin.

Mahlzeit 34

Marianne Kreft

(Marianne Weber), geb. 1939, lebt in Mannheim. Lehrerin.

Du kleiner Käfer! 220

Karl Krolow

geb. 1915 in Hannover, gest. 1999. Studierte Germanistik, Romanistik, Kunstgeschichte, Philosophie, seit 1942 freier Schriftsteller. Veröffentlichte Erzählungen, Lyrik. Georg-Büchner-Preis (1956).
Nachdruck aus: K. K., Gesammelte Gedichte 1944–1964, Suhrkamp Verlag, Frankfurt a. M. 1965

Robinson (1) 66

Max Kruse

geb. 1921 in Bad Kösen, lebt im Süden von München. Kurzstudium, Kaufmann, Werbetexter, freier Schriftsteller. Veröffentlichte Romane, Kinderbücher, Lyrik.

Fischwunder 145
Mein Haus 56

James Krüss

geb. 1926 auf Helgoland, gest. 1997 auf Gran Canaria. Ausbildung als Lehrer, dann freier Schriftsteller. Veröffentlichte viele Kinderbücher, Romane, Lyrik. Erhielt den Dtsch. Jugendbuchpreis (1960, 1964), die Hans.Christian-Andersen-Medaille (1968).
Nachdruck aus: J. K., Der wohltemperierte Leierkasten, C. Bertelsmann Jugendbuchverlag, München 1961, 1989

Der Garten des Herrn Ming 126

Christoph Kuhn

geb. 1951 in Dresden, lebt in Halle. Tätigkeit als Augenoptiker, Literaturstudium, seit 1989 freischaffender Autor. Veröffentlichte Geschichten, Gedichte.

Die Kirchenmaus 105
Die Made 128

Günter Kunert

geb 1929 in Berlin, lebt in Kaisborstel bei Itzehoe (Holstein). Veröffentlichte Lyrik, Erzählungen, Autobiographisches. Erhielt viele Literaturpreise.
Nachdruck Wie ich ein Fisch wurde aus: G. K., Das Kreuzbrave Liederbuch (Tl. 2), Aufbau Verlag, Berlin 1961

Lieder vom Fluß 180
Wie ich ein Fisch wurde 208

Reiner Kunze

geb. 1933 in Oelsnitz (Erzgebirge), lebt in Obernzell bei Passau. Studierte Philosophie, Journalistik, arbeitete in der Landwirtschaft, seit 1962 freier Autor. Veröffentlichte Übersetzungen, Prosa, Lyrik. Georg-Büchner-Preis (1977).

Vom freundlichen Nachbarn 160
Wohnungen zu vermieten 148

Rosemarie Künzler-Behncke

geb. 1926 in Dessau, lebt in München. Studium der Philologie. Veröffentlichte Kinderbücher.

Erde 179

Kurt Kusenberg – Übersetzer, siehe Jacques Prévert

Christine Lavant

(d. i. Christine Habernig), geb. 1915 in Kärnten, gest. 1973 in Wolfsberg (Kärnten). Veröffentlichte Lyrik.
Nachdruck aus: C. L., Spindel im Mond. Gedichte, Otto Müller Verlag, Salzburg 1986

Das ist die Wiese Zittergras 226

Edward Lear

geb. 1812, gest. 1888 in San Remo.

Alphabet mit 26 Zeichnungen 51

Michele Lemieux – Bilder: 13, 203, 209, 235

Hans Georg Lenzen

geb. 1921 in Moers, lebt in Grevenbroich. Professor im Fachbereich Design. Übersetzer, Maler. Veröffentl. Bilderbücher.

Gulliver 94
Herr Glamek buchstabiert 10
Knopf-Parade 149

Bernhard Lins

geb. 1945 in Feldkirch / Österr., lebt in Feldkirch. Lehrer, Autor, Liedermacher. Veröffentlichte viele Kinderbücher.

Ich will dich heut nicht sehen 162

Karoline Elke Löffler – Bild: 137

Monika Lopez – Übersetzerin, siehe Pablo Neruda

Bernd Lunghard
geb. 1949 in Cottbus, lebt in Meuro. Pädagogikstudium. Lehrer, Kunsterzieher, Autor. Veröffentlichte Kinderbücher.

Ewiges Rätsel 47
Gedichtbehandlung 12

Maria Lypp
geb. 1935 in Erfurt, lebt als Dozentin für Literaturwissenschaft in Dortmund. Veröffentlichte wissenschaftl. Essays (u. a. über Kinderliteratur).

Anfangen 67

Paul Maar
geb. 1937 in Schweinfurt, lebt in Bamberg. Studierte Malerei und Kunstgeschichte. Veröffentlichte Theaterstücke, zahlreiche Kinderbücher. Erhielt den Dtsch. Jugendliteraturpreis, den Österr. Staatspreis, den Großen Preis der Dtsch. Akademie für Kinder- u. Jugendliteratur.

Gegenwart 112
Mitten in der Nacht 196
Wenn Molche 88
Zukunft 212

Paul Maar – Bilder: 88

Peter Maiwald
geb. 1946, lebt in Düsseldorf. Studium in München, seit 1968 freier Schriftsteller. Veröffentlichte Prosa, Gedichte, Reportagen, Kinderbücher.

Der Wortmacher 55
Regentag 109

Rainer Malkowski
geb. 1939 in Berlin, gest. 2003 in Brannenburg am Inn. Arbeitete in Werbeagenturen, seit 1972 freier Autor. Veröffentlichte Lyrik, Erzählungen.
Nachdruck aus: R. M.,Was für ein Morgen. Gedichte, Suhrkamp Verlag, Frankfurt a. M. 1975

Wollte ich heute sein wie am Anfang 139

Hans Manz
geb 1931 in Wila / Zürcher Oberland, lebt in Zürich oder in Casale-M. (Italien). Grundschullehrer, freier Schriftsteller. Veröffentlichte Romane, Erzählungen, Gedichte, Kinderbücher. Erhielt den Schweizer Jugendbuchpreis (1991), den Österr. Staatspreis für Kinderlyrik (1993).

Abendstunde 151
Abenteuer in der Nacht 31
Betthupferl 89
Der Stuhl 153
Einerseits – andererseits 134

Erwachsen 102
Ich 77
Klopfzeichen 109
Störung 76
Wörter und Bilder 137

Axel Maria Marquardt
geb. 1943 in Insterburg / Ostpreußen, lebt in Wewelsfleth. Veröffentlichte Lyrik und die Anthologie »100 Jahre Lyrik! Deutsche Gedichte aus zehn Jahrzehnten« (1992).
Nachdruck aus: A. M. M., Standbein Spielbein, Haffmans Verlag AG, Zürich 1989

Beim Psychiater 158
Nichts drin 127

Kurt Marti
geb. 1921 in Bern, lebt in Bern. Studierte Jura und Theologie. Pfarrer und Schriftsteller. Veröffentlichte Gedichte, Tagebücher, Erzählungen. Erhielt verschiedene Literaturpreise, u. a. den Johann-Peter-Hebel-Preis (1972).
Nachdruck aus: K. M., gedichte alfabeete & cymbalklang, Wolfgang Fietkau Verlag, Berlin 1966

gedicht von gedichten 13

Georg Maurer
geb. 1907 in Siebenbürgen, gest. 1971 in Leipzig. Studierte Germanistik, Philosophie, Kunstgeschichte. Lehrtätigkeit am Institut für Literatur »Johannes R. Becher« in Leipzig. Veröffentlichte Prosa, Essays, Lyrik.
Nachdruck aus: G. M.,Werke in zwei Bänden. Mitteldeutscher Verlag, Halle u. Leipzig 1987. Mit Erlaubnis von Eva Maurer, Leipzig

Bäume 221
Froher Morgen 65

Friederike Mayröcker
geb. 1924 in Wien, lebt in Wien. Englischlehrerin an Wiener Hauptschulen, freie Schriftstellerin. Veröffentlichte Prosa und Lyrik. Georg-Büchner-Preis 2001.
Nachdruck aus: F. M. Notizen auf einem Kamel, Suhrkamp Verlag, Frankfurt a. M. 1996

was brauchst du 165

Christoph Meckel
geb. 1935 in Berlin, lebt in der Toscana oder in Berlin. Grafikstudium. Zahlreiche Ausstellungen. Veröffentlichte Erzählungen, betrachtende Prosa, Lyrik. Viele Literaturpreise.
Nachdruck aus: C. M., Bei Lebzeiten zu singen. Gedichte, Verlag Klaus Wagenbach, Berlin 1967

Worte des Jonas 97

Gerhard Meier
geb. 1917 in Niederbipp, Kanton Bern. Lebt in Niederbipp. Ingenieurstudium, arbeitete 33 Jahre in einer Lampenfabrik,

danach freier Schriftsteller. Veröffentlichte Romane, Erzählungen, Lyrik. Erhielt verschiedene Literaturpreise, u. a. den Gottfried-Keller-Preis (1994).
Nachdruck aus: G. M., Werke. Erster Band »Einige Häuser nebenan«, Zytglogge Verlag, Bern, 3. Auflage 1999

Einem Kind 63

Wolfgang Mennel

geb. 1955 in Quedlinburg, lebt in Krumbach (Schwaben). Studium der Germanistik, Völkerkunde. Freischaffender Autor und Illustrator. Veröffentlichte Texte, Bilder, Theaterstücke für Kinder.

Besuch bei dir 85
Das farbigste Gedicht der Woche 115
Das Wunschlied der roten Farbe 191
Die 15 schönsten Befehle aus dem
   Tierreich 129
Manche Dinge kann man nur dann
   farbig sehen 159
Schluss mit den Befehlen! 78

Gisela Menshausen – Bild: 73

Inge Meyer-Dietrich

geb. 1944, lebt in Gelsenkirchen. Studium der Soziologie, Germanistik, Naturwissenschaften. Veröffentlichte Hörspiele, Gedichte, Kinderbücher. Erhielt den Gustav-Heinemann-Friedenspreis, den Österr. Staatspreis, den Zürcher Kinderbuchpreis.

Ruckediguh 106
Traumbuch 50
Wut 134

Christian Morgenstern

geb. 1871 in München, gest. 1914 in Meran. Studierte Nationalökonomie, Kunstgeschichte, Archäologie. Arbeitete als Übersetzer. Veröffentlichte Prosa, Gedichte und die unsterblichen »Galgenlieder«.
Nachdruck aus: C. M., Alle Galgenlieder, Insel Verlag, Frankfurt a. M. 1947

Das Auge der Maus 95
Neue Bildungen, der Natur vorgeschlagen 55

Erwin Moser

geb. 1954 in Wien, lebt in Wien oder im Burgenland. Schriftsetzerlehre, danach freier Autor und Maler. Veröffentlichte Romane, Erzählungen, Bilder- und Kinderbücher. Für seine Bücher wurde er mehrfach ausgezeichnet.

Ja, besuche mich 85
Schwipp-Schrack 56
So im Schatten liegen möchte ich 184

Erwin Moser – Bilder: 56, 85

Doris Mühringer

geb. 1920 in Wien, lebt dort als freie Schriftstellerin. Veröffentlichte Kurzprosa und Lyrik. Erhielt den Georg-Trakl-Preis (1984).

Geschwätzige Landkarte 139
Zittern der Bäume 221

Ferdinand Müller – Foto: 154

Ferdinand Müller – siehe Günter Eich

Günter Müller

geb. 1944 in Bad Gandersheim, lebt in Hannover. Berufspädagoge, Schriftsteller. Veröffentlichte Hörspiele, Prosa, Lyrik.

Von Wegen 161

Inge Müller

geb. 1925 in Berlin, gest. 1966 in Berlin. Sekretärin, Arbeiterin, Journalistin, ab 1953 freischaffend. Schrieb ein Kinderbuch, veröffentlichte Hörspiele, Gedichte. Erhielt den Heinrich-Mann-Preis (1959).
Nachdruck aus: I. M., Wenn ich schon sterben muß. Gedichte, Aufbau Verlag, Berlin und Weimar 1985

Herbst 170

Thomas Müller – Bilder: 111, 194

Frauke Nahrgang

geb. 1951 in Stadtallendorf, lebt dort als Lehrerin. Veröffentlichte Kinderbücher.

Es war einmal eine Ziege 131

Salah Naoura

geb. 1964 in Berlin, lebt in Hamburg. Studierte Theaterwissenschaft, Germanistik, Skandinavistik. Arbeit als Lektor, freischaffender Autor. Veröffentlichte Übersetzungen, Gedichte.

Der Ein- und Allesnehmer 42
Der Fisch 230

Salah Naoura – Übersetzer, siehe Edward Lear

Pablo Neruda

geb. 1904, gest. 1973 in Santiago de Chile. Studium, chilenischer Konsul in versch. Ländern, Emigration, Botschafter in Paris. Veröffentlichte Lyrik, Erinnerungen (»Ich bekenne, ich habe gelebt«). Erhielt den Nobel-Preis für Literatur (1971).
Nachdruck aus: P. N., Das lyrische Werk, Band III, hg. von Karsten Garscha, Hermann Luchterhand Verlag, Darmstadt/Neuwied 1986, S. 651–689, © 1986 by Nachlaß von Pablo Neruda © Luchterhand Literaturverlag GmbH, München

Aus dem *Buch der Fragen* 176

Christine Nöstlinger

geb. 1936 in Wien, lebt in Wien oder im Waldviertel. Studium an der Kunstakademie. Veröffentlichte Romane, Drehbücher, Gedichte, zahlreiche Kinder- und Jugendbücher. Erhielt viele Literaturpreise, u. a. mehrfach den Österr. Staatspreis, den Dtsch. Jugendbuchpreis (1973), den Zürcher Kinderbuchpreis und wurde für ihr Gesamtwerk mit der Hans-Christian-Andersen-Medaille (1984) ausgezeichnet.

Abendgebet 205
Bitte 229
Karpfenschuppe 206
Letzte Warnung 231
Mein Gegenteil 23
Menschlichkeit 124
Rechenaufgabe unter Tränen 201
Von mir aus 103

Helga M. Novak

geb. 1935 in Berlin-Köpenick. Veröffentlichte autobiographische Romane, Erzählungen, Lyrik. Erhielt u. a. den Bremer Literaturpreis (1968).
Nachdruck aus: H. M. N., solange noch liebesbriefe eintreffen. Gesammelte Gedichte, Verlag Schöffling & Co, Frankfurt a. M. 1999

Schuhe 210

Gudrun Pausewang

geb. 1928 in Wichstadt / Ostböhmen, lebt in Schlitz / Oberhessen. Unterricht an dtsch. Schulen in Chile, Venezuela, Kolumbien. Freie Schriftstellerin. Veröffentlichte Romane, Erzählungen, Gedichte, Kinderbücher. Erhielt verschiedene Literaturpreise, u. a. den Dtsch. Jugendliteraturpreis (1988).

Die Flamme 114
Werbung 111

Walther Petri

geb. 1940 in Leipzig, lebt in Berlin. Pädagoge, Theatermaler, Schriftsteller. Veröffentlichte Dokumentationen, Lyrik.

Alle Wörter 186
Sehnsucht 62
Umwelt 97
Wende 61

Werner Pichler

geb. 1948 in Vöcklabruck, Professor an der Höh.Technischen Lehranstalt in Vöcklabruck (OÖ). Veröffentlichte Kinderbücher, Gedichte. Erhielt den Österr. Staatspreis (1982).

Groß und klein 168
Schafe zählen 147

Vasko Popa

geb. 1922 im Banat, gest. 1991. Studierte Romanistik. Arbei-

tete als Journalist, Lektor, Übersetzer. Veröffentlichte Lyrik.
Nachdruck aus: V. P., Ein Gedicht und sein Autor. Hg. Walter Höllerer. Literarisches Colloquium, Berlin 1967 (aufgefunden in: Luftfracht. Internationale Poesie 1940 bis 1990. Ausgewählt von Harald Hartung. Eichborn Verlag, Frankfurt a. M. 1991) Ferner Zitat Seite 69.

Die kleine Schachtel 235

Ortfried Pörsel

geb. 1932 in Breslau, lebt in Langen. Tätigkeit als Lehrer. Veröffentlichte Kinderlieder, Gedichte.

Teetrinker 129

Helmut Preißler

geb. 1925 in Cottbus, lebt in Bad Saarow-Pieskow. Veröffentlichte Gedichte, Kinderbücher.

Bitte im Frühling 125

Jacques Prévert

geb. 1900 in Paris, gest. 1977. Volksschule, keine Ausbildung. Begann seine Karriere als Drehbuchautor (»Die Kinder des Olymp«), veröffentlichte Lyrik, Chansons.
Nachdruck aus: J. P., Gedichte und Chansons. Nachdichtungen von Kurt Kusenberg, Rowohlt Taschenbuch Verlag, Reinbek bei Hamburg 1962

Eine Höflichkeit ist die andre wert 8

Lutz Rathenow

geb. 1952 in Jena, lebt als freier Schriftsteller in Berlin. Veröffentlichte Kurzprosa, Lyrik, Kinderbücher.

Was sonst noch passierte 59

Eva Rechlin

(Bartoschek-), geb. 1928 in Prillwitz (Mecklenburg), lebt in Schönau. Seit 1950 freie Schriftstellerin, MA beim Rundfunk. Veröffentlichte Gedichte, Kinder- u. Jugendbücher.
Nachdruck mit Erlaubnis der Autorin.

Über das Heulen von Heulen 25

Christa Reinig

geb. 1926 in Berlin, lebt in München. Blumenbinderlehre, Bürogehilfin, Fabrikarbeiterin. Studierte Kunstgeschichte und Archäologie. Veröffentlichte Erzählungen, Lyrik. Erhielt den Bremer Literaturpreis (1964).
Nachdruck aus: C. R., Sämtliche Gedichte, Eremiten Presse, Düsseldorf 1984

Flaschenpost 95
Robinson 225

Rainer Maria Rilke

geb. 1875 in Prag, gest. 1926 Val-Mont, Schweiz. Studierte Kunst- u. Literaturgeschichte. Viele Reisen. Veröffentlichte ein umfangreiches Werk: Erzählungen, Kurzprosa, Briefe, Übersetzungen, vor allem Lyrik.

Nachdruck aus: R. M. R., Gesammelte Gedichte. Insel Verlag, Frankfurt a. M. 1962

Das Karussell 167

Joachim Ringelnatz

(d.i. Hans Bötticher), geb. 1883 in Wurzen (Sachsen), gest. 1934 in Berlin. Schiffsjunge, Hausmeister in London, Angestellter in einem Reisebüro, Hausdichter im Künstlerlokal »Simplicissimus« in München. Stellte eigene Bilder aus, Vortragstätigkeit mit Gedichten. 1933 erhielt er Auftrittsverbot, starb völlig verarmt.
Nachdruck aus: J. R., Das Gesamtwerk in sieben Bänden. Diogenes Verlag, Zürich 1994

Die Schnupftabaksdose 133
Eltern denken über Kinder nach 194
Heimatlose 108
Traurig geworden 171

Caroline Ronnefeldt – Bilder: 106, 197, 236

Thomas Rosenlöcher

geb. 1947 in Dresden, lebt in Dresden. Studierte Betriebswissenschaft, arbeitete als Ingenieurökonom, Studium am Leipziger Literaturinstitut. Veröffentlichte Kurzprosa, Lyrik.
Nachdruck aus: T. R., Ich sitze in Sachsen und schau in den Schnee. Gedichte, Suhrkamp Verlag, Frankfurt a. M. 1998

Gartenarbeit 213
Stille 157

Ralf Rothmann

geb. 1953 in Schleswig, aufgewachsen im Ruhrgebiet, lebt in Berlin. Maurerlehre, versch. Berufe. Veröffentlichte Erzählungen, Romane, Gedichte.
Nachdruck aus: R. R., Kratzer und andere Gedichte, Suhrkamp Verlag, Frankfurt a. M. 1987

Betrachtung des Apfels 119

Harry Rowohlt – Übersetzer, siehe Shel Silverstein

Tadeusz Różewicz

geb. 1921 in Radomsko (Polen), lebt in Wroclaw (Breslau). Arbeiter, Partisan. Studierte Kunstgeschichte. Veröffentlichte Dramen, Lyrik.
Nachdruck aus: Letztendlich ist die verständliche Lyrik unverständlich. Aus dem Polnischen und herausgegeben von Karl Dedecius. Edition Akzente, Carl Hanser Verlag, München 1996

Kleiner Zopf 222

Wolfgang Rudelius

geb. 1947 in Frankfurt a. M., lebt in Friedberg. Studierte Grafik, Pädagogik. Versch. Berufe, Buchgestalter, freier Autor. Veröffentlichte Romane, Erzählungen, Gedichte und Bilder.

Der kleine Floh 30

Wolfgang Rudelius – Bilder: 30, 94, 126, 140/141, 146, 163, 179, 180 (Foto), 182, 199

Günter Saalmann

geb. 1936 in Waldbröe, lebt in Chemnitz. Studium der Slavistik, verschiedene Berufe, Studium am Literaturinstitut in Leipzig. Freischaffender Autor. Erhielt den Maxim-Gorki-Preis (1989).

Das exklusive Interview 25
Der atemlose Spiegel 102

Henriette Sauvant – Bilder: 102, 175

Brigitte Schär

geb. 1958 in Meilen bei Zürich, lebt in Zürich. Gesangsausbildung, studierte Germanistik und Europäische Volksliteratur, unterrichtete Deutsch an der italienischen Schule in Zürich. Veröffentlichte Geschichten und Kinderbücher.

Was, wenn? 92

Axel Scheffler – Bilder: 8, 38, 39, 46, 54 (Tier-Abc), 58, 59, 79, 83, 91, 92, 112, 114, 118, 128, 144, 146, 155, 195, 226

Hubert Schirneck

geb. 1962, lebt als freier Schriftsteller in Weimar. Veröffentlichte Kinderbücher. Versch. Literaturpreise.

Windgedicht 161

Gisela Schlegel

geb. 1943, gest. 2001 in Bielefeld. Verschiedene Berufe. Veröffentlichte Gedichte.

Lied einer alten Frau 227

Martin Schneider

geb. 1957 in Wolfsburg, lebt in Berlin. Studierte Kunst- u. Religionspädagogik. Bildhauer und freier Autor. Veröffentliche ein Kinderbuch.

Was weißt du über das bernoullische Prinzip? 157

Wolfdietrich Schnurre

geb. 1920 in Frankfurt a. M, gest. 1989 in Kiel. Mitbegründer der Gruppe 47. Veröffentlichte Romane, Kurzgeschichten, Essays, Tagebücher, Gedichte und Kinderbücher.
Nachdruck aus: W. Sch., Kassiber und neue Gedichte, Paul List Verlag, München 1979

Wahrheit 197

Gerhard Schöne

geb. 1952 in Dresden, lebt in Berlin. Musikstudium. Komponiert, singt, veröffentlichte Lieder und Gedichte.
Nachdruck aus: G. Sch., Wohin soll die Nachtigall. Liedtexte, Henschelverlag, Berlin 1990. Mit Erlaubnis des Autors und Roba Musikverlag, Hamburg (In die Federn, husch, husch) sowie Buschfunk-Musikverlag, Berlin (Die sieben Gaben).

Bedauerlicher Zwischenfall 204
Die sieben Gaben 38
Erdenball 150
Ganz einfach 116
In die Federn, husch, husch, husch! 146
Irgendwann 93
Woher die Kinder kommen 181

Kornelia Schrewe

(Birkenfeld), geb. 1949 in Landolfshausen bei Göttingen, lebt in Boveden. Pädagogische Ausbildung, seither freiberufliche Arbeit als Malerin und Keramikerin.

Die Maus 130
Gibt es bei den Gurken 86

Kornelia Schrewe – Bilder: 86/87, 120

Jürg Schubiger

geb. 1936 in Zürich, lebt in Zürich. Studium der Literaturwissenschaft und Psychologie. Arbeit in verschiedenen Berufen, Verlagslektor, Psychotherapeut, freier Schriftsteller. Veröffentlichte Romane, Erzählungen, Gedichte, Kinderbücher. Erhielt den Deutsch. Jugendliteraturpreis und den Schweizer Jugendbuchpreis (beide 1996).

Gleich und ungleich 59
Herbstgedicht 184
Ich bin so 60
Wind und Wetter 187

Peter Schultze-Kraft (u. Nicolas Born) – Übersetzer, siehe Nicolás Suescún

Rupert Schützbach

geb. 1933 in Hals bei Passau, lebt in Passau. Dipl. Finanzwirt, Zollbeamter i.R, Schriftsteller. Zahlreiche Buchveröffentlichungen, u. a. Lyrik.

Ernstfall 75

Regina Schwarz

geb. 1951 in Beuel b. Bonn, lebt in Langenfeld / Rh. Studium Lehramt an Volksschulen, Sozialpädagogik. Veröffentlichte Gedichte.

Keine Freundschaft 29
Wo man Geschenke verstecken
kann   105

Alfons Schweiggert

geb. 1947 in Altomünster, lebt in München. Sonderschulpädagoge. Veröffentlichte zahlreiche Bücher, darunter auch für Kinder, Gedichte, Anthologien.

Zündholz 114

Alfons Schweiggert – Bild: 114

Kurt Schwitters

geb. 1887 in Hannover, gest. 1948 in Ambleside (England). Studium an der Akademie der bildenden Künste in Dresden. Veröffentlichte Bilder und Gedichte. Von den Nazis verfolgt, mußte er emigrieren.
Nachdruck aus: K. Sch., Das literarische Werk, Bd. 1–5, Verlag DuMont, Köln 1973

So, so! 24

Fritz Senft

(- Strebel), geb 1922 in Wettingen / Schweiz, gest. 1997 im Tessin. Veröffentlichte Kinderbücher. Erhielt der Preis der Schw. Schillerstiftung (1984).

Die Fliege 202

Nasrin Siege

geb. 1950 in Teheran, kam mit neun Jahren nach Deutschland, lebt in Frankfurt bzw. in Dar es Salaam (Tansania). Studium der Psychologie, arbeitete als Therapeutin an einer Suchtklinik. Veröffentlichte Märchen, Texte, Kinderbücher.

Deine Hand in meiner Hand 181
Wer ist Anaeli? 169

Kurt Sigel

geb. 1931 in Frankfurt a. M., lebt dort als freier Autor. Veröffentlichte Lyrik, Prosa, auch Mundarttexte. Erhielt versch. Literaturpreise.

Wollen 66

Shel Silverstein

geb. 1932 in Chicago, gest. 1999 in Wahington. Cartoonist für den »Playboy«, Sänger, komponierte eigene Texte. Veröffentlichte Gedichte für Kinder, die er selbst illustriert hat.
Nachdruck aus: S. S., Raufgefallen. Gedichte und Zeichnungen. Nachdichtung von Harry Rowohlt, Haffmans Verlag AG, Zürich 1998

Das Omelett aus 19 Eiern 34
Das tödliche Auge 57
Der Bär, das Feuer, der Schnee und
der Bach 188

Shel Silverstein – Bild: 57

Dorothee Sölle

geb. 1929 in Köln, gest. 2003, lebte zuletzt in Hamburg. Veröffentlichte theolog. Texte, Gebete, Lyrik.
Nachdruck aus: fliegen lernen. Gedichte, Fietkau Verlag, Berlin 1979

Auf die frage was glück sei 103

Jürgen Spohn

geb. 1934 in Leipzig, gest. 1992 in Berlin. Prof. Hochschule der Künste, Berlin. Veröffentlichte Kinderbücher, Bilderbücher, Koch- und Photobücher. Erhielt viele Preise, u. a. den Dtsch. Jugendbuchpreis (1981).
Nachdruck aus: J. S., Der große Spielbaum, C. Bertelsmann Verlag, München 1979 (Ein Nasenhuhn); J. S., Nanu. 2 Wandzeitungen, Programm Beltz & Gelberg, Beltz Verlag, Weinheim 1975. Alle Texte und Bilder mit Erlaubnis von Barbara Spohn, Berlin

Ein Nasenhuhn 198
Eins, zwei Kinderlein 28
Tischgespräch 136

Jürgen Spohn – Bilder: 67, 136, 165

Ute Stechowski-Göhringer – Bild: 69

Catrin Steffen – Bild: 147

Frieder Stöckle

geb. 1939 in Schorndorf, lebt bei Stuttgart. Studierte Bildhauerei, Kunstgeschichte. Lehrer, Schriftsteller. Veröffentlichte Jugendbücher, Sachbücher u. a.

Bäume 97

Frieder Stöckle – Foto: 221

Nicolás Suescún

geb. 1937 in Bogota (Kolumbien), lebt in Bogota, Direktor der Bibliothek der Universität. Lyriker und Erzähler.

Gedicht über das Schweigen 225

Wisława Szymborska

geb. 1923 in Bnin bei Posen, lebt in Krakau. Studierte Polonistik, Soziologie. Veröffentlichte hauptsächlich Lyrik. Nobelpreis für Literatur (1996).
Nachdruck aus: W. S., Die Gedichte. Herausgegeben und übertragen von Karl Dedecius, Suhrkamp Verlag, Frankfurt a. M. 1997

Jahrmarkt der Wunder 40

Hannelies Taschau

geb. 1937 in Hamburg, lebt in Hameln. Veröffentlichte Romane, Hörspiele, Erzählungen, Gedichte.

Kinderleben 169

Nazif Telek

geb. 1957 in Bidlis (Türk. Kurdistan), lebt in Hilden. Ausbildung als Hochbautechniker, freier Schriftsteller. Veröffentlichte Gedichte.

Mein Lehrer 135
Sesamring-Verkäufer 207

Hans-Ulrich Treichel

geb. 1952 in Versmold, lebt in Leipzig. Studierte Germanistik, promovierte über Wolfgang Koeppen. Professor am Leipziger Literaturinstitut. Veröffentlichte Lyrik, Libretti, Romane. Nachdruck aus: H.-U. T., Seit Tagen kein Wunder. Gedichte, Suhrkamp Verlag, Frankfurt a. M. 1990

Alles vergeht 138

Günter Ullmann

geb. 1946 in Greiz, lebt in Greiz. Bauarbeiter, Kultursachbearbeiter der Stadtverwaltung. Veröffentlichte Gedichte, Kinderbücher.

Staune 102
Warum der Elefant so schöne große
    Ohren hat 31

Fredrik Vahle

geb. 1942 in Stendal (Altmark), lebt in Lollar-Salzböden. Studierte Germanistik, Politik. Privatdozent. Veröffentlichte Übersetzungen aus dem Spanischen (Lorca), Kinderbücher, Gedichte, Lieder (für Kinder), die er selbst vorträgt.

Die Farben 48
Die Meeresmuschel 182
Für den Stein in meiner Hand 173
Keine Angst vor fernen Planeten 154
Kreise, kreisen 186
Vom Schweigen der Indianer 62

Karl Valentin

(eigtl. Valentin Ludwig Fey), geb. 1882 in München, gest. 1948 in München. Komiker, Schriftsteller. Verfaßte Couplets, Monologe, Szenen.
Nachdruck aus: K. V., Ges. Werke. 2 Bde. Herausgegeben von Michael Schulte, Piper Verlag GmbH, München 1985

Expressionistischer Gesang 81

Guntram Vesper

geb. 1941 in Frohburg bei Leipzig, lebt in Göttingen. Hilfsarbeiter am Bau, studierte einige Semester Germanistik und Medizin. Freier Schriftsteller. Veröffentlichte Prosa, Lyrik. Nachdruck aus: G. V., Ich hörte den Namen Jessenin. Gedichte, Frankfurter Verlagsanstalt, Frankfurt a. M. 1990. Mit Erlaubnis des Autors.

An einen Freund 113

Karin Voigt

lebt in Mannheim, veröffentlichte Fotos, Lyrik. Erhielt versch. Literaturpreise.

greenpeace – grüner frieden 185

F. K. Waechter – Bild: 123

Philip Waechter – Bilder: 106, 151, 186, 198

Robert Walser

geb. 1878 in Biel (Schweiz), gest. 1956 in Herisau (als Anstaltspatient). Banklehre, wechselnde Anstellungen, in Berlin Besuch einer Dienerschule, freier Schriftsteller. Veröffentlichte zu Lebzeiten Gedichte, Romane, Prosastücke. Bedeutung seines schriftstellerischen Werkes wurde erst Ende der 60er Jahre erkannt.
Nachdruck aus: R. W., Gedichte, Suhrkamp Verlag, Frankfurt a. M. 1986

Mäuschen 228

Gerda Weiss – Bild 211

Wolfgang Weyrauch

geb. 1904 in Königsberg, gest. 1980 in Darmstadt. Verlagslektor, Herausgeber, Autor. Veröffentlichte Prosa, Gedichte, Hörspiele, ein Kinderbuch.
Nachdruck aus: Das achte Weltwunder, 5. Jahrbuch der Kinderliteratur, Beltz & Gelberg, Weinheim 1979. Mit Erlaubnis von Margot Weyrauch, Darmstadt

Die richtigen Bewegungen der Finger 232

Rudolf Otto Wiemer

geb. 1905 in Friedrichroda (Thüringen), gest. 1998 in Göttingen. Lehrer, Bibliothekar, Puppenspieler, arbeitete als Realschullehrer in Göttingen; freier Schriftsteller. Veröffentlichte Lyrik, Romane, Erzählungen, Kinderbücher. Erhielt zahlreiche Literaturpreise.

Die Wolke 64
Drei Wörter 214

William Carlos Williams

geb. 1883 in Rutherford, New Jersey; gest. 1963 ebendort. Lebte als Arzt in seiner Heimatstadt. Einer der bedeutendsten amerik. Lyriker, veröffentlichte Gedichte, Romane, Erzählungen.
Nachdruck aus: Hans Magnus Enzensberger, Geisterstimmen. Übersetzungen und Imitationen, Suhrkamp Verlag, Frankfurt a. M. 1999

Nur damit du Bescheid weißt 196
Völlige Zerstörung 64

Frantz Wittkamp

geb. 1943 in Wittenberg, lebt in Lüdinghausen. Studierte Kunsterziehung und Biologie. Seit 1970 freischaffender Grafiker, Maler und Autor. Veröffentlichte Gedichte, Kinder- u. Bilderbücher. Erhielt verschieden Literaturpreise, u. a. den Großen Österr. Staatspreis für Kinderlyrik (1995).

Befragungen von Fischen 70
Du bist da, und ich bin hier 11
Gute Nacht 20

Frantz Wittkamp – Bilder: 39, 218

Juli A. Wittkamp – Bilder: 31, 80

Josef Wittmann

geb. 1950 in München, lebt in Tittmoning / Obb. Kabarettist. Veröffentlichte Szenen, Erzählungen, Gedichte (auch in Mundart).

Hänsel und Gretel 106

Heinz J. Zechner

geb. 1955 in Leibnitz, lebt in St. Georgen (Steiermark). Lehrer und Schriftsteller. Veröffentlichte Texte, Gedichte, Fachartikel.

Briefwechsel 148
Gedichte 127
Telefon 200
Unser Lehrer 156

Huberta Zeevaert

geb 1931 in Aachen, lebt in Aachen. Kaufm. Ausbildung, Verwaltungsarbeit.

Das Ausruf- und das Fragezeichen 220
Der Freitag und der Donnerstag 147
Der Nußknacker 56

Waltraud Zehner

geb. 1947 in Eltville, lebt in Königstein. Studierte Germanistik, Romanistik. Journalistische Tätigkeit.

Fremder Mann 135

Christina Zurbrügg

geb. 1961 in Kiental (Berner Oberland), lebt in Wien. Studium klass. Gesang, Schauspielerin.

Einmal 206
Manchmal 142

Christine Brand

Einige Hinweise

Seite 2 – Das Celan-Zitat ist dem Gedicht »…Rauscht der Brunnen« entnommen. Aus Ges. Werke in 5 Bänden, Suhrkamp Verlag, Frankfurt a. M. 1983.

Seite 6 – Die Verse von Christian Morgenstern sind ein Zitat aus dem Gedicht »Der Papagei« (aus »Alle Galgenlieder«).

Seite 68 - Das Zitat von Vasko Popa wurde entnommen aus: V. P., Ein Gedicht und sein Autor. Hg. Walter Höllerer. Literarisches Colloquim, Berlin 1967.

Zitat von Günter Eich aus »Beethoven, Wolf und Schubert«, Ges. Werke in 4 Bänden, Bd.1, Suhrkamp Verlag, Frankfurt a. M. 1991.

Seite 73 – Das Bild von Gisela Menshausen (14 Jahre) entstammt einem Zeichenwettbewerb zu Bertholt Brechts 70. Geburtstag, veröffentlicht in »Kinderzeichnungen zu Brecht«, Insel Verlag, Frankfurt a. M. 1970.

Seite 98 – Der Text über die Zeit von Ferdinando Oyono erschien zuerst als Bildkarte aus einem Projekt, in dem sich eine Grafikklasse mit der Dritten Welt auseinandersetzte. Mit Literatur und Musik, mit Politik und Geschichte, mit Bildern aus der Dritten Welt und solche, die wir uns darüber machen. Daraus entstanden zwei Serien à 4 Karten, zu beziehen bei der Erklärung von Bern, Postfach 177, CH-8031 Zürich – ebenso liegen dort auch die Rechte für den vorliegenden Nachdruck.

Seite 122 – Zitiert nach Kalenderbuch von Wolfgang Weyrauch, mit 24 Radierungen von Dieter Kliesch, Büchergilde Gutenberg, Frankfurt a. M. 1977.

Das Zitat von Marie Luise Kaschnitz entstammt dem Gedicht »Strände«, Ges. Werke in 7 Bänden, Bd. 5, Insel Verlag, Frankfurt a. M. 1985.

Seite 236 – Das Zitat von Jürg Schubiger aus der Geschichte »Der Reisende« wurde dem Manuskript entnommen.

Anthologien mit lyrischen Texten, herausgegeben von Hans-Joachim Gelberg

Bunter Kinderreigen
188 neue und alte Verse
Arena Verlag, Würzburg 1966

Die Stadt der Kinder
Gedichte für Kinder in 13 Bezirken
Georg Bitter Verlag, Recklinghausen 1969
Neuausgabe als Gulliver Taschenbuch, Beltz Verlag

Überall und neben dir
Gedichte für Kinder
Beltz Verlag, Beltz & Gelberg, Weinheim 1986
Auch als Gulliver Taschenbuch

Die Jahrbücher der Kinderliteratur:

Geh und spiel mit den Riesen, 1971
Am Montag fängt die Woche an, 1973
Menschengeschichten, 1975
Der fliegende Robert, 1977
Das achte Weltwunder, 1979
Wie man Berge versetzt, 1981
Augenaufmachen, 1984
Die Erde ist mein Haus, 1988
Was für ein Glück, 1993
Oder die Entdeckung der Welt, 1997

Lino Fastnacht

Gedichtüberschriften und -anfänge

A – bel (Klee) 136
A war eine Apfeltorte (Lear) 51
Abendgebet (Nöstlinger) 205
Abends, wenn ich schlafen geh (Marquardt) 158
Abendstunde (Manz) 151
Abenteuer in der Nacht (Manz) 31
Abschiedsbrief der Frau Schmidt (Grosche) 205
Abzählreim (Auer) 160
Abzählreime (Celan) 46
Ach wie dumm, dass niemand weiß (Jatzek) 106
Ach, wie schön, daß es das gibt (Harranth) 163
Affe mich in Ruhe! (Mennel) 129
Alexandra (Ehret) 13
Alle Tage weckt sie (Dürrson) 96
Alle Wörter (Petri) 186
Alles vergeht (Treichel) 138
ALLES! Kaufen Sie ALLES! (Krausnick) 112
Als aber der Pferdehändler nicht abließ (Gernhardt) 24
Als alle frauen (Różewicz) 222
Als die künstlichen Menschen (Brendel) 152
Als er Siebzig war und war
gebrechlich (Brecht) 100
Als ich das Fenster öffnete (Eich) 99
Als ihre Haut (Hohmann) 117
Als mein Vater (Telek) 135
Als wäre (Ausländer) 209
Also, es war einmal eine Zeit (Ende) 22
Am 27. Mai um drei Uhr hoben sich aus ihren
Betten (Kunert) 208
Am Anfang hatten sie keinen Teller für mich (Malkowski) 139
Am Telegrafenmast trommelt (Hein) 59
An einen Freund (Vesper) 113
An und für Dich (Bernstein) 160
Anaeli hat kein Zuhause (Siege) 169
Anfangen (Lypp) 67
Angst und Zweifel (Fried) 94
armer mann wo bist du (Novak) 210
Art und Herkunft unbekannt (Wittkamp) 70
Aschfahl, blond und blau (Mennel) 115
Atmosphaere (Clormann-Lietz) 96
Auch in meinem Heimatland (Kunert) 180
Auf der Erde (Kaschnitz) 138
Auf der Erde neben mir (Wittkamp) 70
Auf die frage was glück sei (Sölle) 103
Auf dürrem Ast (Heidenreich) 207
Auf einem Stein von Jade (Kuhn) 128
Auf einer Haushaltsmesse wurden kürzlich (Jatzek) 195
Auf einmal fiel ich aus dem Nest (Wittkamp) 71
Aufstehn (Huber) 169
Aus dem *Buch der Fragen* (Neruda) 176
aus Wort und Zahl (Borchers) 48
Ausschnitt (Kirsch) 44
Backe, backe Kuchen (Auer) 83
Balde (Kolbe) 145
Bäume (Maurer) 221
Bäume (Stöckle) 97
Bedauerlicher Zwischenfall (Schöne) 204
Befragungen von Fischen (Wittkamp) 70
Befreiung von den großen Vorbildern (Fried) 76
Bei hundert Grad (Grass) 172
Beim Psychiater (Marquardt) 158
Besuch bei dir (Mennel) 85
Betrachtung des Apfels (Rothmann) 119
Betthupferl (Manz) 89

Bewegliche Hinterlassenschaft (Andersch)
bist eulen (Jandl) 91
Bitte (Nöstlinger) 229
Bitte im Frühling (Preißler) 125
Blumen schließen ihre Blüten (Schöne) 146
Briefwechsel (Zechner) 148
Computerlied (Braem) 149
D eses Gedi hat (Jepsen) 61
Da läutet das Telefon (Zechner) 200
Damals (Manz) 109
Damals kannten wir uns noch nicht (Wittkamp) 70
Das Auge der Maus (Morgenstern) 95
Das Ausruf- und das Fragezeichen (Zeevaert) 220
Das bißchen Himmel (Treichel) 138
das ende der eulen (Enzensberger) 217
Das exklusive Interview (Saalmann) 25
Das farbigste Gedicht der Woche (Mennel) 115
Das Geheimnis des Safrans (Auer) 83
das große A liegt auf dem tisch (Jandl) 67
Das ist die Wiese Zittergras (Lavant) 226
Das ist ein schönes Spiel für Mädchen und Knaben (Ringelnatz)
194
Das Karussell (Rilke) 167
Das kleine Haus unter Bäumen am See (Brecht) 188
Das Leben (Jepsen) 142
Das Nichts (Grosche) 55
Das Omelett aus 19 Eiern (Silverstein) 34
Das rote Auge einer Maus (Morgenstern) 95
Das Schönste, was uns die Raumfahrt zeigte (Busta) 222
Das Sonntagshuhn (Johansen) 90
Das tödliche Auge (Silverstein) 57
Das Vierhornschaf (Johansen) 156
Das Vierhornschaf kannst du vergessen (Johansen) 156
das Wort ist falsch (Petri) 97
Das Wort Stein (Manz) 137
Das Wunschlied der roten Farbe (Mennel) 191
das Zaubern unterm Zirkuszelt (Bletschacher) 128
dass du bist (Ullmann) 102
Daß es Seegurken gibt (Eich) 136
Deine Hand in meiner Hand (Siege) 181
Dein geniales Gedicht (Fried) 234
Dem Birnbaum Mut zureden (Rosenlöcher) 213
Den Denker darfst du alles fragen (Wittkamp) 70
den dummen August zu beschreiben (Bletschacher) 89
Den Löwen darf ich nicht vergessen (Härtling) 58
Der atemlose Spiegel (Saalmann) 102
Der Bär, das Feuer, der Schnee und der Bach (Silverstein) 188
Der blaue Hund (Hacks) 186
Der Bleistift (Schwarz) 29
Der Dichter darfst du ein Gedicht (Wittkamp) 70
Der dumme August (Bletschacher) 89
Der Ein- und Allesnehmer (Naoura) 42
der erfolg (Jandl) 185
Der Fisch (Naoura) 230
Der freche Weckdienst (Grosche) 133
Der Freitag sucht den Donnerstag (Zeevaert) 147
Der Freitag und der Donnerstag (Zeevaert) 147
Der Garten des Herrn Ming (Krüss) 126
der goldfisch (Jandl) 36
Der Herbst färbt die toten Blätter (Müller) 170
Der Kiesel ist Bote vom Gebirge (Busta) 99
Der kleine Floh (Rudelius) 30
Der kleinen Schachtel wachsen die ersten Zähne (Popa) 235
Der Laubfrosch ist ein Laubtier (Harranth) 160

der mann steigt auf den sessel (Jandl) 236
Der Mausefall (Fried) 131
Der Nachbar schafft die Nachbarschaft (Kunze) 160
Der Nußknacker (Zeevaert) 56
Der Ochsenspatz (Morgenstern) 55
Der Prinz von Kanada traf den König von Albanien
    (Rathenow) 59
Der Rauch (Brecht) 188
Der schönste Beruf (Arp) 203
Der Schwipp-Schrack (Moser) 56
Der Sehmann (Arp) 203
Der Specht (Hein) 59
Der Stuhl (Manz) 153
Der Tiger sagte (Ullmann) 31
der tisch (Jandl) 67
Der Unterschied (Ehret) 13
Der Weckdienst (Grosche) 21
Der Wortmacher (Maiwald) 55
Der Zauberkünstler Hadraczek (Bletschacher) 128
Der-die-das-Artikel (Anton) 144
Des Menschen erstes Wort (Morgenstern) 6
Die 15 schönsten Befehle aus dem Tierreich (Mennel) 129
Die anderen und ich (Casper) 193
Die arme Kirchenmaus (Kuhn) 105
Die Farben (Vahle) 48
die ferien sind alle (Jandl) 198
Die Flamme (Pausewang) 114
Die Fliege (Senft) 202
Die Götter (Ausländer) 210
Die großen Männer sagen viele dumme Sachen (Brecht) 140
Die großen Tiere trauern am Tisch (Klee) 144
Die Katze (Kaschnitz) 164
Die Katze spricht: Ich bin nicht so (Gernhardt) 57
Die Kinder mit dem Plus-Effekt (Jatzek) 195
Die Kirchenmaus (Kuhn) 105
Die kleine Schachtel (Popa) 235
Die kleinen Glockenblumen am Sölkpaß (Busta) 108
Die kleinen Krebse (Grosche) 183
Die Krotts hatten eine entartete Maus (Fried) 131
Die Made (Kuhn) 128
Die Maus (Schrewe) 130
Die Mäzenin (Biermann) 110
Die Meeresmuschel (Vahle) 182
Die Mutter erzählte (Manz) 89
die mutter steckt das kind (Jandl) 36
Die Rache (Blissenbach) 30
Die Reisbauern, die ich nicht kenne (Eich) 224
Die richtigen Bewegungen der Finger (Weyrauch) 232
Die Schnupftabaksdose (Ringelnatz) 133
Die sieben Gaben (Schöne) 38
Die Tür war nicht nur geschlossen (Grosche) 91
Die Vogelfeder aus erprobter Schwinge (Busta) 166
Die Welt wird immer böser (Bernstein) 198
Die Wolke (Wiemer) 64
Die Zeit (Jatzek) 32
Die Zukunft kommt (Maar) 212
DIEDERDAS (Anton) 144
Dies ist das tödliche Auge (Silverstein) 57
Dies ist ein Haus (Kruse) 56
Dies ist meine Mütze (Eich) 216
Diese Rühr0er (Silverstein) 34
Dieser Fisch (Naoura) 230
Dieses kleine Gedicht (Jepsen) 79
Dort, wo die Welt aufhört (Fröhlich) 65
Drei gefährliche Piraten (Anger-Schmidt) 79
Drei Krähen saßen auf dem Stein (Jatzek) 26
Drei Wörter (Wiemer) 214

Du (Vahle) 154
Du bist da, und ich bin hier (Wittkamp) 11
Du bist eine Flamme (Pausewang) 114
Du hast die Hand ausgestreckt (Achtnich) 174
Du Käfer, du kleiner, wie machst du das bloß? (Kreft) 220
Du kleiner Käfer! (Kreft) 220
Du mein allerliebster guter (Braem) 149
du, beim essen spricht man nicht (Jandl) 44
Du, Erdenball (Schöne) 150
Du, laß dich nicht verhärten (Biermann) 45
Ein Adamsapfel wächst nicht im Garten (Clormann-Lietz) 80
Ein Alltagswunder (Szymborska) 40
Ein Alphabet (Lear) 51
Ein Apfel fällt (Guggenmos) 85
Ein Apfel fällt, prall ist er, rot (Guggenmos) 85
Ein bleicher weicher Kopfsalat (Bernstein) 160
Ein dicker, schwarzer Bär (Härtling) 58
ein faulsein (Jandl) 132
Ein Gedicht (Färber) 154
Ein Gedicht (Kaschnitz) 170
ein gedicht (Marti) 13
Ein Gedicht, aus Worten gemacht (Kaschnitz) 170
Ein Handschuh für die Faust ist ein Fäustling
    (Clormann-Lietz) 107
Ein harter Mann (Fischbach) 153
Ein Kind geht (Manz) 151
Ein Mann (Fischbach) 153
Ein Mann fährt zu 'nem Blitzbesuch (Schöne) 116
Ein Nasenhuhn (Spohn) 198
Ein Pudel spricht zur Nudel (Härtling) 58
Ein Schnurps grübelt (Ende) 22
ein schulmädchen (Jandl) 198
Ein Stuhl (Manz) 153
Ein Warten ein Garten (Borchers) 178
Eine Höflichkeit ist die andre wert (Prévert) 8
Eine schöne Geschichte (Anton) 171
Eine Tasse Tee? (Pörsel) 129
Einem Kind (Meier) 63
Einerseits – andererseits (Manz) 134
Einerseits will ich es dir (Höchtlen) 200
Eines Tages der (Eich) 96
Eines Tages sind die Jungen (Wittkamp) 71
Einige Kinder sind Schuhputzer (Telek) 207
Einmal (Lenzen) 94
Einmal (Zurbrügg) 206
Einmal im Monat kommt mein Vater (Zehner) 135
Eins, zwei Kinderlein (Spohn) 28
Eins, zwei, drei, vier, sieben (Auer) 160
Eltern denken über Kinder nach (Ringelnatz) 194
Entdeckung der Welt vom Boden aus (Augustin) 151
Er hieß Boskop (Goy) 172
Er sieht uns an (Rothmann) 119
Er spricht und spricht und spricht (Wittkamp) 71
er traf einen baum (Jandl) 210
Er wird dasitzen (Kolbe) 145
Erde (Künzler-Behncke) 179
Erdenball (Schöne) 150
Ermutigung (Biermann) 45
Ernstfall (Schützbach) 75
Erst knurrt mein Hund (Schubiger) 59
Erstes Schneeglöckchen (Guggenmos) 93
Erwachen (Manz) 102
Erzählt doch bitte weiter (Wittkamp) 70
Es fraß ein Kamel (Krechel) 34
Es fürchtet sich der Regenwurm (Clormann-Lietz) 78
Es hockt der Elefantenzwerg (Pichler) 168
Es ist eine Wolke (Wiemer) 64

Es kommt eine Zeit (Borchers) 14
Es läßt sich leben im Wal, ich hab es erfahren (Meckel) 97
Es regnet, es regnet (Schubiger) 187
Es sitzt die Eule in dem Turm (Rechlin) 25
Es träumte eine kleine Maus (Klare) 124
Es war ein eiskalter Tag (Williams) 64
Es war eine Schnupftabaksdose (Ringelnatz) 133
Es war einmal ein Mann (Naoura) 42
Es war einmal ein schlaues Tier (Wittkamp) 71
Es war einmal eine schöne Geschichte (Anton) 171
Es war einmal eine Ziege (Nahrgang) 131
Es waren einmal zwei Hasen (Johansen) 33
Etwas Großes zu vollbringen (Wittkamp) 71
eulen (Jandl) 91
Ewiges Rätsel (Lunghard) 47
Exklusiv für dich (Höchtlen) 35
Expressionistischer Gesang (Valentin) 81
Fischereiten (Jepsen) 142
Fischwunder (Kruse) 145
Flaschenpost (Reinig) 95
Frank liebt Anne (Krausnick) 201
Frau Wärmer wurde immer ärmer (Biermann) 110
Fremder Mann (Zehner) 135
Für den Stein in meiner Hand (Vahle) 173
Für Sammy (Böll) 39
Ganz einfach (Schöne) 116
Gartenarbeit (Rosenlöcher) 213
Geburtstagsgedicht (Harranth) 163
Gedicht (Färber) 154
Gedicht über das Schweigen (Suescún) 225
gedicht von gedichten (Marti) 13
Gedichtbehandlung (Lunghard) 12
Gedichte (Zechner) 127
Gedichte unterwegs (Jatzek) 28
Gefühle (Cantor) 193
Gegenwart (Maar) 112
Geh aus mein Herz – (Eich) 224
Geh ich in der Stadt umher (Hacks) 186
Gehen, Fliehen, Nirgendsbleiben (Wiemer) 214
Gelingelt (Clormann-Lietz) 107
Gemeinhin ist der Hahn (Härtling) 58
Geschwätzige Landkarte (Mühringer) 139
Gespenster (Johansen) 121
Gestern Nacht (Blissenbach) 162
Gibt es bei den Gurken nicht auch üble Schurken?
  (Schrewe) 86
Glaubst du (Fried) 168
Gleich und ungleich (Schubiger) 59
Glück (Guggenmos) 192
Gott (Ausländer) 209
Graue Ha re (Jepsen) 61
greenpeace – grüner frieden (Voigt) 185
Groß und klein (Pichler) 168
Großmutter (Hohmann) 117
Gulliver (Lenzen) 94
Gute Nacht (Wittkamp) 20
Guten Morgen. Es ist 7 Uhr, Sie wollten geweckt werden
  (Grosche) 21
Guten Morgen. Es ist 7 Uhr, Sie wollten um 10 Uhr geweckt
  werden (Grosche) 133
Hab keine Angst (Grass) 118
Haben Sie Clara gesehn? (Haikal) 120
Hänsel und Gretel (Wittmann) 106
Hatte mich im Wald verirrt (Manz) 31
Hättest du Seelenhaare (Mühringer) 221
Heimatlose (Ringelnatz) 108

Herbst (Duderstadt) 218
Herbst (Müller) 170
Herbstgedicht (Schubiger) 184
Herr Abel und Verwandte (Klee) 136
Herr Glamek buchstabiert (Lenzen) 10
Herr Glamek spricht am Telefon (Lenzen) 10
Herrgott, allmächtiger (Nöstlinger) 205
Heuschnupfenkind (Deppert) 187
Heut haben wir ein Gedicht durchgenommen (Lunghard) 12
Heute im Angebot (Höchtlen) 35
Hier hast du einen Hasen (Härtling) 58
Hinter mir (Grosche) 55
Hör nicht auf meine Worte (Jepsen) 143
Horch! sagt der Storch (Mennel) 78
Huschel, Kindchen, sei so nett (Frank) 11
Ich (Manz) 77
Ich bin fast (Ringelnatz) 108
Ich bin groß, du bist das Küken (Celan) 46
Ich bin mir sicher (Nöstlinger) 23
Ich bin so (Schubiger) 60
Ich erfinde eine Farbe (Jepsen) 161
Ich erinnere mich, wie ich mich fühlte (Cantor) 193
Ich erzähle dir (Borchers) 219
Ich geh durch das Dorf (Guggenmos) 78
Ich geh zu Tisch (Kruse) 145
Ich hab dir aus Ton etwas geknetet (Nöstlinger) 229
Ich habe die Pflaumen (Williams) 196
Ich habe zwei kleine Kieselsteine gefunden (Nöstlinger) 103
ich komm im Frühsommer zu Dir (Deppert) 187
Ich lebe in Angst vor dem Schnee, sprach der Bär (Silverstein) 188
Ich liebe dich (Manz) 76
Ich lieg im Bett und seh (Augustin) 151
Ich mag wie sie lacht (Knesebeck) 29
Ich schreibe dir ein Herbstgedicht (Schubiger) 184
Ich sitz, in tiefem Schlafe liegend (Johansen) 121
ich spreche von euerm nicht (Enzensberger) 217
Ich sterbe nicht (Schlegel) 227
ich tischlere einen stuhl (Voigt) 185
Ich vergesse nicht (Ausländer) 142
Ich war einmal ein Hund (Ausländer) 77
Ich war vierzehn, da sah ich (Schnurre) 197
Ich weiß, daß die Erde um die Sonne kreist (Künzler-Behncke) 179
Ich will dich heut nicht sehen (Lins) 162
Ich wollte dir erzählen (Härtling) 214
Ich wollte schon immer ein Vogel sein (Meyer-Dietrich) 50
Ich: Träumerisch, träge (Manz) 77
Im Fluß schwimmt ein Fisch 47
Im Keller hinter Kartoffelkästen (Schwarz) 105
im schlaf (Jandl) 210
Im stillen Gartenreiche (Krüss) 126
Im Wasser ist Jod und Salz (Kaschnitz) 138
immer höher (Jandl) 236
Immer noch (Hohler) 143
Immer wieder strecke ich meine Hand (Krolow) 66
In der ersten Zeile steht nicht viel drin (Auer) 199
In der Nacht (Blissenbach) 162
In der Zeitung stand's (Ehret) 161
In die Federn, husch, husch, husch! (Schöne) 146
In einem kleinen Raum (Duderstadt) 113
In meiner Faust sitzt eine Fliege (Senft) 202
In Polen, im Jahr Neununddreißig (Brecht) 72
Indianer sind Menschen (Vahle) 62
Indianergedicht (Gernhardt) 24
inhalt (Jandl) 145
Inventur (Eich) 216
Irgendwann (Schöne) 93
Irgendwann siehst du zum letzten Mal Schnee (Schöne) 93

Jahreszeiten (Borchers) 14
Jahrmarkt der Wunder (Szymborska) 40
Jedes Wort meint sich selber (Busta) 178
Jedesmal staunen (Grass) 172
jetzt ist es drei (Marquardt) 127
Kalter Tag (Guggenmos) 218
Karpfenschuppe (Nöstlinger) 206
Katz und Maus (Gernhardt) 57
Katz und Maus (Klare) 124
Kein Geringerer (Fried) 76
Keine Ahnung, wo ich bin (Maar) 196
Keine Angst vor fernen Planeten... (Vahle) 154
Keine Freundschaft (Schwarz) 29
Kinderkreuzzug (Brecht) 72
Kinderleben (Taschau) 169
Kinderlied (Hodjak) 39
Kinderlied (Hüsch) 212
Kleine Frage (Fried) 168
Kleine Laudatio für einen Kiesel (Busta) 99
Kleiner Zopf (Różewicz) 222
Kleines Wörterbuch (Borchers) 48
Klopfzeichen (Manz) 109
Knopf-Parade (Lenzen) 149
Komma! (Jepsen) 143
Kommt seht, da hab ich (Hodjak) 39
Kreisen, kreisen (Vahle) 186
Krokodil und Krokodil (Jatzek) 81
Kröten sitzen gern vor Mauern (Gernhardt) 85
Langeweile? Tu was! (Clormann-Lietz) 35
Langsam wird es höchste Zeit (Maar) 112
laß keine fliege in (Kaser) 118
Läßt dich nicht erdrücken (Vahle) 173
Legende von der Entstehung des Buches Taoteking
    (Brecht) 100
leises gedicht (Jandl) 44
Letzte Warnung (Nöstlinger) 230
Liebeserklärung an einen Apfel (Goy) 172
Liebesgedicht (Gernhardt) 85
Liebst du michel (Frei) 48
Lied einer alten Frau (Schlegel) 227
Lieder vom Fluß (Kunert) 180
Macht der Dichtung (Fried (234)
Mahlzeit (Krechel) 34
Mahlzeit! (Bernstein) 35
Mama, du bist heute blöde (Meyer-Dietrich) 134
Man findet ihn nicht überall (Guggenmos) 202
Man hat den Herrn versehentlich (Wittkamp) 71
Man kann sie nicht riechen (Haikal) 32
Man soll auch zu der Erde sehr höflich sein (Prévert) 8
Manche Dinge kann man nur dann farbig sehen ...
    (Mennel) 159
Manchmal (Zurbrügg) 142
Manchmal bin ich früh morgens (Manz) 102
Manchmal kommt das Schweigen über mich (Suescún) 225
manchmal weint er wenn die worte (Reinig) 225
Manchmal wollen Kinder wissen (Schöne) 181
Mäuschen (Walser) 228
Meerschwein und Meerschwein (Glantschnig) 183
Mehr, mehr! Ruft das Meerschwein (Glantschnig) 183
Meiers Katze fing im Garten eine junge Wühlmaus
    (Nöstlinger) 124
Mein Gegenteil (Nöstlinger) 23
Mein Haus (Kruse) 56
Mein Land ist weit und erika (Mühringer) 139
Mein Lehrer (Telek) 135
Mein Lieblingserlöser (Bernstein) 198
Mein Roboter ist wunderlich (Wittkamp) 71

Mein Tag und dein Tag (Guggenmos) 61
Mein weichstes Tier, mein (Glantschnig) 153
Meine Gedichte (Kaschnitz) 41
Meine Großmutter hatte Hühner (Johansen) 90
Mensch aus Versehen (Ausländer) 77
menschenfleiß (Jandl) 132
Menschlichkeit (Nöstlinger) 124
Merkverse (Busta) 222
messergabelschereICH (Jepsen) 67
Mir ist kalt geworden (Heidenreich) 207
Mir reicht's (Meyer-Dietrich) 106
Mit einem Dach und seinem Schatten dreht (Rilke) 167
Mitten in der Nacht (Maar) 196
Morgens leere ich die aufgeweichten (Duderstadt) 227
Müllabfuhr (Kaschnitz) 41
Nach dem Spülen (Grosche) 49
nein, mich gehen die 7 Weltwunder nichts an (Weyrauch) 232
Neue Bildungen, der Natur vorgeschlagen (Morgenstern) 55
Neulich fragte mich mein Sohn (Schneider) 157
Neulich, als ich mitten auf dem (Walser) 228
Nichts als die Not gekannt (Wittmann) 106
Nichts drin (Marquardt) 127
nichts er durfte, nichts (Augustin) 37
Nicolschätzchen? (Taschau) 169
Nimm PERSIL bei Naselaufen (Pausewang) 111
Noch (Auer) 96
Noch eine Autobahn (Auer) 96
Noch sind die Bäume Philosophen (Maurer) 221
Nödel war sauer (Blissenbach) 30
Nun prasselt der Regen (Kirsch) 44
Nur durch du Bescheid weißt (Williams) 196
Ob ich das schaff? (Guggenmos) 21
Ob ich ihr sag, dass ich sie mag (Knesebeck) 29
Ob Krokodile kitzlig sind (Haikal) 32
Ob mein Spiegel immer spiegelt? (Saalmann) 102
Obst (Bernstein) 35
Oslo am Niger (Hüsch) 212
ottos mops (Jandl) 155
ottos mops trotzt (Jandl) 155
parzivalfarben (Jepsen) 161
Paul steht am Fenster (Maiwald) 109
Pausenliebe (Krausnick) 201
Preisrätsel (Haikal) 32
Rätselhafte Kinderlieder (Auer) 82
Rätsel-Haikus (Augustin) 137
Rechenaufgabe unter Tränen (Nöstlinger) 201
Regenwurm (Clormann-Lietz) 78
Regnet es draußen, dann holt man die losen (Lenzen) 149
Reichtum (Duderstadt) 227
Reisenotizen (Busta) 108
Regentag (Maiwald) 109
Riesenaufwand (Huber) 169
Robinson (Krolow) 66
Robinson (Reinig) 225
Robinson Kruse (Huster) 104
Roll möpse (Clormann-Lietz) 35
Ruckediguh (Meyer-Dietrich) 106
Rumpelstilz sucht Freunde (Jatzek) 106
Rund um die Welt (Achtnich) 174
Sardinenbüchsen sind mit Bedacht (Rosenlöcher) 157
Schafe zählen (Pichler) 147
Schlafe schlafe ein (Bergengruen) 189
Schluss mit den Befehlen! (Mennel) 78
Schmorzeit (Bernstein) 35
Schnee stiebt weiß von den Dächern (Duderstadt) 218
schöner schöner florian (Jandl) 77
Schuh und Eier (Grote) 191

Schuhe (Novak) 210
Schwipp-Schrack (Moser) 56
Sehnsucht (Petri) 62
Sehnsucht kommt von sehnen suchen (Petri) 62
Sehr geehrte Frau Meier! (Zechner) 148
Sehr vergrößert im Bilde (Rudelius) 30
Sesamring-Verkäufer (Telek) 207
Setz dich (Vesper) 113
setz ein We vor das Ende (Petri) 61
Sie will zwar nicht (Zeevaert) 56
So im Schatten liegen möchte ich (Moser) 184
So, so! (Schwitters) 24
Sonne 2000 (Dürrson) 96
Spielende Kinder (Schützbach) 75
Sprachlicher Rückstand (Hohler) 143
Staune (Ullmann) 102
Steffi kommt grad aus der Schule (Schöne) 204
Stille (Rosenlöcher) 157
Störung (Manz) 76
Teetrinker (Pörsel) 129
Telefon (Zechner) 200
Tintenfisch und Tintenfrau (Glantschnig) 153
Tischgespräch (Spohn) 136
Traumbuch (Meyer-Dietrich) 50
Traurig geworden (Ringelnatz) 171
Trittst du in eine Qualle (Härtling) 58
Tunk mich unter Wasser (Mennel) 191
Über das Heulen der Eulen (Rechlin) 25
Übermütige Sätze (Grosche) 91
um ein gedicht zu machen (Jandl) 145
Umwelt (Petri) 97
Und Löffel zu Löffel ins Löffelfach (Grosche) 49
Ungewohntes Wort (Eich) 96
Unnützes Gedicht (Auer) 199
Uns gab der kluge Marabu (Saalmann) 25
Unser Lehrer (Zechner) 156
Unser Lehrer ist sehr gescheit (Zechner) 156
Uschelreime (Frank) 11
vater komm erzähl vom krieg (Jandl) 224
Verlassen steht im Januar (Guggenmos) 93
Verschwunden (Haikal) 120
Verse zu den gefundenen Dingen eines Knaben (Busta) 166
Versuch, mit meinem Sohn zu reden (Härtling) 214
Vier Maurer saßen einst auf einem Dach (Schwitters) 24
Völlige Zerstörung (Williams) 64
Vom freundlichen Nachbarn (Kunze) 160
Vom Himmel das Blau (Vahle) 48
Vom Schweigen der Indianer (Vahle) 62
Vom vielen Bücken wird man krumm (Harranth) 163
Von den großen Männern (Brecht) 140
Von mir aus (Nöstlinger) 103
Von Wegen (Müller) 161
Wahnsinnig verliebt (Höchtlen) 200
Wahrheit (Schnurre) 197
Wann ist denn endlich Frieden (Biermann) 213
Warum der Elefant so schöne große Ohren hat (Ullmann) 31
Warum? (Kordon) 109
Was alles braucht's zum Paradies (Borchers) 178
Was Amseln in Frühlingstagen (Preißler) 125
was brauchst du (Mayröcker) 165
was du nicht tun sollst (Kaser) 118
Was ist der Löwe von Beruf? (Guggenmos) 104
Was sonst noch passierte (Rathenow) 59
Was war zuerst da – Ei oder Henne? (Lunghard) 47
Was weißt du über das bernoullische Prinzip?
    (Schneider) 157
Was zum Kuss gehört (Clormann-Lietz) 201

Was, wenn? (Schär) 92
Weil wir uns nicht trauen (Wittkamp) 71
Wende (Petri) 61
Wenn (Debray) 197
Wenn die Blätter gefallen sind (Duderstadt) 218
Wenn du ein Wolf bist (Debray) 197
Wenn du mich anrufst (Kordon) 109
Wenn ein Gedicht in den Spiegel blickt (Jatzek) 28
Wenn ich dir was wünschen dürfte (Schöne) 38
Wenn ich einmal nicht mehr (Schär) 92
Wenn ich mein Bett nicht hätt (Juritz) 88
Wenn ich nicht mehr weiterweiß (Lypp) 67
Wenn man nur wüßte (Amann) 226
Wenn man sie gegen das Licht hält (Nöstlinger) 206
Wenn wir wollten wie wir können (Sigel) 66
Wer 8 und 8 zusammenzählt (Guggenmos) 21
Wer falsch ist, macht mich unsicher (Casper) 193
Wer hat was gesagt? 47
Wer ist Anaeli? (Siege) 169
Wer soff mich leer, wer stopft mich voll Papier (Reinig) 95
Wer zu Bett geht, der braucht Zeit (Wittkamp) 20
Werbespott (Krausnick) 112
Werbung (Pausewang) 111
Werte Erwachsene (Nöstlinger) 230
Wie die Maler heute malen (Valentin) 81
Wie ich ein Fisch wurde (Kunert) 208
Wie lange mag ich hier schon liegen? (Wittkamp) 71
Wie zu Anfang, so auch jetzt (Wittkamp) 71
Wiegenlied für meinen Sohn (Bergengruen) 189
Wieviele Fragen hat eine Katze? (Neruda) 176
Willst du (Spohn) 136
Wimpernklimpern (Clormann-Lietz) 201
Wind und Wetter (Schubiger) 187
Windgedicht (Schirneck) 161
Wir kommen weit her (Böll) 39
Wir saßen (Guggenmos) 192
Wirf ein Wort (Schirneck) 161
Wirst du dir einige Figuren zulegen (Meier) 63
Wo ich wohne (Eich) 99
Wo man Geschenke verstecken kann (Schwarz) 105
Wo manche einen (Müller) 161
Woher die Kinder kommen (Schöne) 181
Wohnungen zu vermieten (Kunze) 148
Wollen (Sigel) 66
Wollte ich heute sein wie am Anfang (Malkowski) 139
Wolpertinger und Liebe (Frei) 48
Worte (Busta) 178
Worte des Jonas (Meckel) 97
Worte macht er, blaue, gelbe (Maiwald) 55
Wörter können Wunder sein (Wittkamp) 71
Wörter und Bilder (Manz) 137
Wut (Meyer-Dietrich) 134
Wutsprüche (Jatzek) 81
Zehn Hasengedichte (Johansen) 33
Zeitungsfoto (Duderstadt) 113
Zeitungsmeldung (Ehret) 161
Zittern der Bäume (Mühringer) 221
Zoologie (Harranth) 160
Zukunft (Maar) 212
Zunahme (Eich) 136
Zündholz (Schweiggert) 114
Zündholz hin (Schweiggert) 114
Zuspruch für Anne (Grass) 118
Zwei Brötchen (Grosche) 205
Zweifle nicht (Fried) 94

Josef Guggenmos
Groß ist die Welt
Die schönsten Gedichte
Mit farbigen Bildern von Sabine Friedrichson
Gebunden (978-3-407-79913-5), 208 Seiten *für alle*

Die Welt der kleinen Dinge, die Natur, aber auch Spiel und Scherz finden
sich in den Gedichten von Josef Guggenmos, die zu den Klassikern der
Kinderlyrik zählen. Die Sammlung seiner schönsten Gedichte, opulent
ausgestattet mit vielen farbigen Bildern, ist ein Hausbuch für Kinder und
Erwachsene gleichermaßen.

Auch als Hörbuch im Handel erhältlich,
gelesen von Ilja Richter
1 CD, ISBN 978-3-407-80986-5

Beltz & Gelberg
Beltz Verlag, Postfach 100154, 69441 Weinheim. www.beltz.de